AF449912

Editorial
NUN

Feminidad y maternidad

Un diálogo entre Edith Stein y Élisabeth Badinter

Editorial
NUN

Ficha bibliográfica

Triana Cardona, Gabriela Fernanda

Feminidad y maternidad

1a. edición, 2024

Versión impresa ISBN: 978-607-69551-3-0
Versión digital ISBN: 978-607-69551-4-7

Editorial Notas Universitarias, S. A. de C.V.
Colección Dignitas Humana

Impreso en la Ciudad de México, enero de 2024
Formato: 15 × 21 cm

156 pp.

Editorial NUN

Es una marca de Editorial Notas Universitarias, S. A. de C.V.

Xocotla 17, Tlalpan Centro, alcaldía de Tlalpan, C. P. 14000, Ciudad de México

www.editorialnun.com.mx

D. R. © 2024, Editorial Notas Universitarias, S. A. de C.V.
D. R. © 2024, Gabriela Fernanda Triana Cardona

Versión impresa. ISBN: 978-607-69551-3-0
Versión digital ISBN: 978-607-69551-4-7

El contenido de este libro es responsabilidad de los autores

Comentarios sobre la edición a
contacto@editorialnotasuniversitarias.com.mx

Derechos reservados conforme a la ley. No se permite la reproducción total o parcial de esta publicación,
ni registrarse o transmitirse, por un sistema de recuperación de información, por ningún medio
o forma, sea electrónico, mecánico, foto-químico, magnético o electro-óptico, fotocopia, grabación
o cualquier otro sin autorización previa y por escrito de los titulares del *Copyright*.
La infracción de los derechos mencionados puede ser constitutiva de delito contra la propiedad
intelectual (Arts. 229 y siguientes de la Ley Federal de Derechos de Autor
y Arts. 242 y siguientes del Código Penal)

Dirección editorial y diseño de portada: Miryam D. Meza Robles
Cuidado de edición: Felipe G. Sierra Beamonte
Corrección de estilo: María Magdalena Álvarez Malo Durón
Lecturas: Casandra D. Álvarez García
Formación: Carlos A. Vela Turcott
Imagen de portada Shutter Stock 2302321571 - María Matveeva

Impreso en México

Feminidad y maternidad

Un diálogo entre Edith Stein y Élisabeth Badinter

Gabriela Fernanda Triana Cardona

DIGNITAS
HUMANA

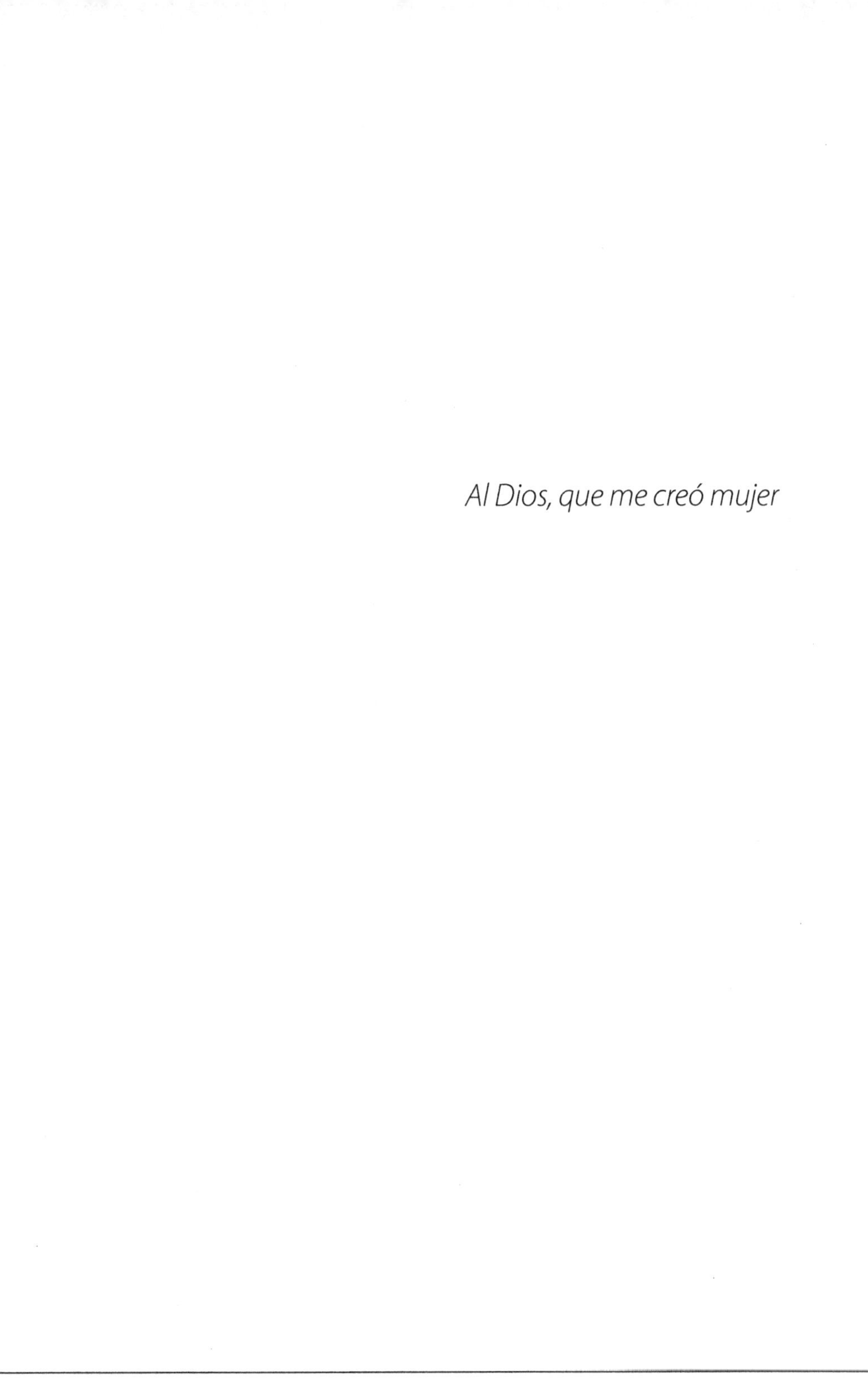

Al Dios, que me creó mujer

Índice

Prólogo

Desde la Antigüedad clásica, la tradición filosófica occidental ha considerado el diálogo como un importante elemento en la búsqueda de la verdad: diálogos entre amigos, entre adversarios, entre maestros y estudiantes; diálogos reales transcritos por quienes los atestiguaron; o diálogos imaginados como artificios literarios. El diálogo ha tenido un rol trascendental en el amor por la sabiduría, pues la verdad se busca mejor en el encuentro, y el encuentro es ámbito propicio para que ella vaya emergiendo, como nos enseñan desde hace siglos los *Diálogos* de Platón.

Este libro propone un diálogo: uno entre mujeres y sobre temas de mujeres. Sin embargo, es un diálogo que no interesa solamente a ellas, pues toca un tema íntimo y de gran trascendencia, profundamente personal a la vez que de enorme relevancia social. Se propone un diálogo entre dos mujeres intelectuales, preocupadas por la condición femenina: Élisabeth Badinter y Edith Stein. Y, aunque en el libro que el lector tiene entre manos, el material aparece estructurado y organizado por capítulos, me parece importante aclarar que, durante su elaboración, se dio un verdadero diálogo (del cual soy testigo) con idas y venidas, de la una a la otra de las interlocutoras que aquí conversan. La autora, Gabriela Fernanda Triana, actuó como portadora de las contribuciones de una y otra, llevando y trayendo preguntas y respuestas.

Este libro formula un diálogo entre dos mujeres muy diferentes, pero tiene el mérito de reconocer a cada una de ellas en su especificidad, para abrir espacio a sus voces, sin descartar nada de lo que aporta al objetivo que la autora se había propuesto al hacerlas dialogar. Gabriela Triana partió de sus preguntas personales: ¿puede decirse que la maternidad es lo más propio de la mujer? La maternidad, ¿hace felices a las mujeres? Y si no, ¿en qué radica entonces la felicidad de una mujer? ¿Aceptar la maternidad significa renunciar a la realización individual?

Gabriela se acercó a conocer meticulosamente a las dos pensadoras, de manera que el diálogo aquí generado no se limita a dos monólogos. Se *encontró* con cada una de ellas, escuchó sus razones, acogió sus planteamientos, de manera que pasó por todas las fases de un verdadero encuentro dialógico: reconocer las posturas, cuestionar las certezas, acoger las provocaciones, replantear visiones y reformular pensamientos. No descartó ningún aspecto: desde las historias personales de cada una de sus invitadas —que en temas de feminidad son de gran relevancia— hasta las bases de sus presupuestos filosóficos, las corrientes con las que simpatizan, los pensadores que las influyen.

Un mérito adicional de este trabajo es el esfuerzo por la honestidad intelectual. Al inicio de este itinerario investigativo, Gabriela presentaba una enorme afinidad hacia una de sus invitadas, algunas reservas hacia la otra. Sin embargo, se preocupó por comprender lo mejor posible el pensamiento de cada una para poder, verdaderamente, sentarlas a conversar. Y, si bien, en este caso lo que tenemos es un diálogo ideal, no real —hubiera sido apasionante poder sentar a estas dos mujeres en una misma mesa— no por ideal deja de ser menos fructífero. Las preguntas de Badinter son acuciantes (¿es la maternidad central para definir la feminidad o se trata de un prejuicio infundido por el patriarcado?) y han dejado profundas huellas en el modo como las mujeres nos entendemos hoy; las respuestas de Stein, aunque menos recientes, mantienen su relevancia y, de alguna manera, al explorar esas respuestas a la luz de las preguntas planteadas por Badinter, se reactualizan.

El resultado del diálogo aquí propuesto se recoge en interesantes contribuciones, como la claridad con la que Gabriela delinea la relación entre feminismo e individualismo; y abre nuevas pistas para seguir investigando, como la centralidad que debe tener la relacionalidad en la definición de lo que es propio de la feminidad y la masculinidad.

Las mujeres que transitamos por este siglo XXI seguimos necesitadas de respuestas al cuestionamiento por la condición femenina: ¿Qué hace a una mujer feliz? ¿Qué hace a una mujer libre? En los últimos años y ante recientes desafíos culturales, la pregunta por la feminidad se ha ampliado y radicalizado, inquiriendo también por la masculinidad y, en general, por la condición sexuada de la humanidad y los desafíos para vivirla y enseñarla a nuestros jóvenes hoy.

Invito al lector a dejarse provocar e incomodar por el logrado itinerario que Gabriela Fernanda Triana propone para continuar en la búsqueda dialógica de la verdad, en especial, del carácter sexuado de la condición humana.

Ana Cristina Villa Betancourt
Facultad de Teología
de la Universidad Pontificia
Bolivariana de Medellín, Colombia
Octubre de 2023

Introducción

Esta investigación surge de una inquietud personal y, a la vez, compartida. Indudablemente todas las mujeres, al menos una vez, nos hemos preguntado por el lugar de la maternidad en nuestras vidas. Ser madres parece ser lo radicalmente distintivo de nuestro ser, una capacidad que, querámoslo o no, nos ha dado una posición particular en la historia y en la sociedad. El vínculo entre biología y vida social es la base para la división sexual de las tareas[1] en donde la generación y el cuidado de la vida humana constituyen lo fundamental de nuestra labor social.

El feminismo cuestionó, bajo sus propios presupuestos, la relación entre la maternidad como una realidad biológica y el lugar social de la mujer. Los postulados filosóficos de la Ilustración y el optimismo igualitario de la Revolución francesa —cuna de los movimientos feministas— llevaron a las mujeres a buscar un orden social en el que la maternidad no fuese definitiva para ellas;[2] esto mediante una serie de reivindicaciones, principalmente jurídicas y políticas, la más importante de ellas fue el voto femenino.

---

[1] Élisabeth Badinter, *El uno es el otro. Una tesis revolucionaria sobre la relación hombre-mujer*, Bogotá, Planeta, 1987, p. 17. En adelante, se cita como *El uno es el otro…*

[2] Alice Rossi, *The Feminist Papers. From Adams to de Beauvoir*, Nueva York, Bantam Book, 1974, p. 2.

Habiendo alcanzado el sufragio, entre finales del siglo xix y comienzos del siglo xx, la siguiente cuestión que ocupó a las mujeres fue la inserción en el mundo laboral y la necesidad de formación que la acompañaba.[3] Con ello, se acrecentó la inquietud en torno a la maternidad. Si antes ser madre parecía ser una atadura social, ahora empezaba a ser motivo de una encrucijada: ¿cómo compaginar la vida laboral con la formación de un hogar? Paralelamente, el feminismo se fue diversificando de modo tal que, en las distintas corrientes que fueron surgiendo, se dieron diferentes respuestas ante dicha inquietud. Por ello, en ese tiempo, también tomó fuerza la demanda de medidas de protección en favor de las madres trabajadoras.[4]

La segunda mitad del siglo xx estuvo llena de transformaciones. Las ideas de autoras como Simone de Beauvoir, Betty Friedan y Kate Millet fueron el punto de partida de nuevas miradas en torno a la cuestión femenina, marcadas por la negación de cualquier realidad natural o esencial en la mujer, la desvalorización de la dimensión biológica del sexo y la denuncia del patriarcado como orden social generador de desigualdad con base en la cultura.

Igualmente, la introducción de los anticonceptivos y la idea de la *sexualidad libre* cambiaron el modo de comprender la sexualidad, el matrimonio, la familia y, con ello, se desdibujó cada vez más el lugar histórico de la mujer en la sociedad. Si las mujeres antes se encontraban en una encrucijada entre la maternidad y la vida laboral, ahora podían elegir la vida laboral y la búsqueda de sus intereses personales sin ningún remordimiento inculcado por los discursos patriarcales sobre la labor maternal.[5]

---

[3] Juan Sisino Pérez Garzón, *Historia del feminismo*, Madrid, Los Libros de la Catarata, Digitalia, 2018, cap. 5. https://www-digitaliapublishing-com.banrep.basesdedatosezproxy.com/a/81058

[4] Juan Sisino Pérez, *Historia del feminismo*, cap. 6.

[5] Élisabeth Badinter, *La mujer y la madre: Un libro polémico sobre la maternidad como nueva forma de esclavitud*, Madrid, Esfera libros, 2011, pp. 11-15.

Por otra parte, en la década de los 80, surgió una corriente feminista que llamó la atención sobre la necesidad de volver a lo propio de la mujer —el feminismo de la diferencia— que produjo una serie de reflexiones en torno a una ética del cuidado basada en el carácter maternal de la mujer.

En la actualidad, la maternidad es comprendida como una entre muchas opciones de vida para la mujer. Sin que deje de ser una posibilidad inquietante, ya no es comprendida como el eje fundamental de la vida de las mujeres en tanto es una entre muchas alternativas, pero, al fin y al cabo, una que eligen muchas mujeres. En el feminismo y en los movimientos de mujeres, se ha reflexionado sobre los modos de alcanzar una adecuada conciliación entre vida familiar y vida laboral, lo que implica repensar el tema de la relación entre feminidad y maternidad. A ello, se le suman las recientes discusiones sobre temas como la despenalización del aborto y la aprobación y reglamentación del alquiler de vientres, que necesariamente cuestionan el sentido de la maternidad.

Dicha pregunta, más allá de ser una cuestión sociopolítica o puramente intelectual, es una inquietud que toca las fibras más profundas del corazón femenino, justamente porque está vinculada a un interrogante fundamental de la existencia humana: la búsqueda de la felicidad. Si bien, éste se puede pensar de manera genérica —pues se trata de la temática ética por excelencia abordada por la filosofía desde la Antigüedad sobre el mejor género de vida para el ser humano— es válido considerarlo en clave de la diferencia sexual. En tanto seres humanos, varón y mujer, comparten un horizonte de felicidad; no obstante, en tanto tienen particularidades propias de su sexo, ese horizonte tiene ciertas especificidades. En el caso de la mujer, la capacidad de gestar la vida, al ser muy propia de ella, será siempre decisiva a la hora de orientar la propia existencia.

¿Ser madre me hará feliz? ¿De qué manera puedo serlo sin caer en remordimientos o insatisfacción por los sacrificios? Y si por los vaivenes de la vida terminé siendo madre, ¿viviré con frustración? Y si no lo soy, ¿quedaré insatisfecha o incompleta? Éstos son algunos de los interrogantes que rondan el corazón de la mujer, cuya solución, más allá de requerir la consideración de los discursos ideológicos y los ropajes socioculturales en torno a la maternidad, necesita de la reflexión filosófica sobre la relación entre maternidad y feminidad. Dar respuesta a las dificultades en la historia reclama una mirada metahistórica de fondo. Más aun, teniendo en cuenta que "la contraposición entre el ser mujer y las posibilidades de realizarlo en la historia, en efecto, ha llevado a la mujer misma a una ruptura del propio yo (la conciencia de la propia femineidad), a la alteración del paradigma hombre/mujer y de la relación entre ser humano y generación de la vida".[6]

En orden a aportar desde la filosofía, a reparar las rupturas y a hacer llevaderas las tensiones interiores de la mujer, proponemos un diálogo entre dos autoras que presentan reflexiones adecuadas para las inquietudes aquí planteadas. Ellas son Élisabeth Badinter y Edith Stein.

Badinter es una pensadora francesa que, a la fecha de la redacción de estas páginas, sigue siendo una mujer influyente en el ámbito intelectual de su país y en los debates feministas de este tiempo. En 2010, publicó *La mujer y la madre: Un libro polémico sobre la maternidad como nueva forma de esclavitud*, en donde denuncia con agudeza el conflicto que se ha gestado en las últimas décadas en el corazón femenino a la hora de tener que elegir entre ser madre y perseguir las ambiciones personales. La filósofa francesa enriquece esta investigación con la identificación y caracterización de esta problemática en la actualidad. A ello nos referiremos en el primer capítulo, contextualizando el llamado *conflicto entre la mujer y la madre* en el marco de la vida y el desarrollo intelectual de Badinter.

Stein es una pensadora alemana nacida a finales del siglo xix y fallecida durante la segunda Guerra Mundial. Su pensamiento resulta

---

[6]   Gabriella Gambino, "Ser mujer y madre en la posmodernidad. Un desafío iusfilosófico", Lourdes Redondo Redondo (coord.) y Sara Gallardo González (comp.), *Mujer y mujeres. Su esencia y su existencia en la historia. La mujer. Ser y tarea*, vol. I, Ávila, Universidad Católica, 2021, pp. 103-128.

llamativo para esta investigación porque reflexiona en torno a la relación entre maternidad y feminidad desde esa perspectiva metahistórica que mencionábamos líneas atrás. Si bien, sus meditaciones son fruto de un contexto histórico concreto y de su propia experiencia de vida, ella optó por dar respuesta a los desafíos de su tiempo desde la teología y la filosofía. Ello lo hizo principalmente en ocho conferencias sobre la mujer dictadas entre 1928 y 1933.[7] En el segundo capítulo, presentaremos la visión de esta autora con respecto a la relación entre maternidad y feminidad, situándola en su recorrido vital y su sistema de pensamiento.

El tercer capítulo será propiamente el momento del diálogo. Después de haber analizado en los dos primeros capítulos la mirada de cada autora, en el último, resaltamos algunos puntos de encuentro con el objetivo de mostrar cómo las cuestiones planteadas por Badinter pueden ser comprendidas e incluso respondidas desde la perspectiva de Stein.

Si bien, el diálogo entre las pensadoras no será la respuesta última a las inquietudes que suscitan esta investigación, consideramos que pueden ser un aporte valioso a la pregunta por la relación entre feminidad, maternidad y felicidad. Recomprender la maternidad como una realidad femenina se hace necesario en un tiempo en el que pareciera que ser madre se ha vaciado de sentido.

---

[7] Son ocho conferencias dictadas por Edith Stein en diferentes escenarios: *El valor específico de la mujer en su significado para la vida del pueblo*; *El ethos de las profesiones femeninas*; *Fundamentos de la formación de la mujer*; *La misión de la mujer*; *La vocación del hombre y de la mujer según el orden de la naturaleza y de la gracia*; *Vida cristiana de la mujer*; *El arte materno de la educación*; *Fundamentación teórica de la formación de la mujer*. La mayoría de ellas se pueden encontrar traducidas al español en Edith Stein, *La mujer: su papel según la naturaleza y la gracia*, Madrid, Palabra, 2006. Las ocho conferencias se encuentran en Edith Stein, *Obras completas* IV. Escritos antropológicos y pedagógicos, Julen Urkiza (dir.) y Francisco Javier Sancho, Burgos, Monte Carmelo, El Carmen, Espiritualidad, 2003.

Capítulo I

El feminismo de Élisabeth Badinter: entre la mujer y la madre

Élisabeth Badinter es una intelectual francesa destacada por integrar de manera singular la pasión por el Siglo de las Luces y las cuestiones feministas. En su publicación de 2010, *La mujer y la madre: Un libro polémico sobre la maternidad como nueva forma de esclavitud*, denuncia cómo ciertos cambios ideológicos han posicionado la maternidad en el corazón femenino al punto de volver a la mujer esclava de sus hijos. En su crítica, la autora señala con agudeza un conflicto ineludible para las mujeres de todos los tiempos: ¿qué relación existe entre ser mujer y ser madre? ¿Optar por la maternidad necesariamente implica renunciar a las búsquedas personales? Tales inquietudes han suscitado esta investigación. Por ello, en este capítulo, nos acercamos al pensamiento de Élisabeth Badinter para comprender el modo particular en que aborda estas cuestiones.

Para ello, en primer lugar, presentaremos una síntesis biográfica de la autora. En segundo lugar, haremos referencia a la manera en que se configuró su feminismo a partir de sus dos grandes influencias: la Ilustración y Simone de Beauvoir. En tercer lugar, expondremos el modo en que Badinter comprende la cuestión de la mujer y la madre. Finalmente, destacaremos algunos elementos que, en el tercer capítulo, formarán parte del diálogo con el pensamiento de Edith Stein, objeto del segundo capítulo.

1. Élisabeth Badinter: una mujer en busca de libertad

Élisabeth Badinter nació en París el 5 de marzo de 1944. Fue la segunda de tres hijas del matrimonio entre Marcel Bleustein-Blanchet y Sophie Vaillant. Su llegada al mundo se dio en medio de la ocupación alemana en Francia durante la segunda Guerra Mundial, razón por la cual su madre—conversa al judaísmo—se encontraba en París, mientras su padre —judío— colaboraba desde Inglaterra con las labores de inteligencia de la Resistencia. Una vez terminada la ocupación, Bleustein-Blanchet regresó a París junto a su esposa y las pequeñas Marie François y Élisabeth. Tiempo después, nació la tercera hija del matrimonio: Michèle.

Élisabeth se expresa sobre su padre con gran afecto y admiración. De hecho, él fue un hombre admirable a los ojos de muchos. A los dieciocho años, terminada la etapa escolar, Bleustein-Blanchet decidió darle la espalda al oficio familiar de comercio de muebles y creó Publicis, empresa que hoy es una de las más grandes multinacionales de publicidad y relaciones públicas a nivel mundial. A los 27 años, incursionó en el mundo de la radio con Radio Cité, que llegó a ser la más grande estación privada entre guerras. Este oficio le permitió relacionarse con personalidades de la política y el entretenimiento. Pese a que durante la segunda Guerra Mundial Bleustein-Blanchet perdió gran parte de la millonaria fortuna que ya tenía a los 30 años, terminado ese periodo, reconstruyó Publicis proponiendo maneras innovadoras de hacer publicidad y recuperó su caudal económico. En 1959, creó la Fundación de la Vocación, una institución dedicada a apoyar a jóvenes como él, entusiastas y deseosos de alcanzar sus sueños.[1] En los años siguientes, Bleustein-Blanchet se dedicó a hacer crecer Publicis a nivel internacional. Falleció en abril de 1996.

Para Élisabeth, el padre fue una figura elemental a la hora de posicionarse existencialmente. Además de ser un modelo digno, él la animó a ambicionar con ser aquello que realmente quería ser.[2] Le mostró un mundo lleno de posibilidades y cultivó en ella la determinación para perseguir sus ideales.[3] Tanto su pasión por el Siglo de las Luces como su postura feminista guardan relación con la filosofía de vida de su padre que estaba centrada en la consecución de los sueños profesionales.

Por otra parte, la relación con su madre fue, en palabras de la intelectual francesa, complicada como lo son las relaciones madre e hija en general.[4] Sophie Vaillant era nieta de Édouard Vaillant, líder socialista del siglo XIX. Si bien Vaillant es conocida por haber trabajado en la revista *Elle*, en Radio Luxembourg y en docencia de lengua inglesa, no fue un personaje tan notable como su marido. Su reconocimiento público se debía fundamentalmente a él.

A los doce años, Élisabeth conoció a Robert Badinter, un abogado de su padre, dieciséis años mayor que ella, quien se convertiría en su esposo después de un reencuentro una década más tarde.[5] Élisabeth pasó un año de internado en Suiza y posteriormente cursó el bachillerato en el École Alsacienne, una institución educativa fundada en 1874 con un fuerte espíritu humanista y laico, reconocida por educar a los hijos de personalidades del ámbito público y privado en París de acuerdo con las ideas del secularismo republicano.

---

[1] Fondation de la Vocation, *Le Fondateur. Marcel Bleustein-Blanchet*, acceso el 25 de febrero de 2022. https://fondationdelavocation.org/histoire-de-la-fondation

[2] Jane Kramer, "Against Nature", *New Yorker*, vol. 87, núm. 21, 2011, pp. 44-55.

[3] *Ibidem*, p. 4.

[4] *Idem*.

[5] *Idem*.

A los dieciséis años, Élisabeth leyó por primera vez *El segundo sexo* de Simone de Beauvoir.[6] En dicha obra, la autora denunció la subsistencia de una desigualdad entre hombres y mujeres más allá de los derechos. Según ella, existe una subordinación femenina cotidiana enraizada en la comprensión de la mujer sobre sí misma: "la otra", cuya existencia sólo adquiere sentido en relación con el varón, no es ni una realidad natural, ni una construcción proveniente de la libre elección de la mujer, es una construcción cultural masculina.[7] Estas ideas marcaron el curso de la vida de Élisabeth y formaron la base de su concepción sobre la sexualidad, especialmente la visión culturalista de Beauvoir. "Debemos desconfiar de los argumentos de la naturaleza, en tanto son alienantes y restrictivos, pasando como naturales cosas que son culturales y por tanto capaces de ser cambiadas".[8]

Terminado el bachillerato, Élisabeth pasó un año en Nueva York, donde estudió en la Universidad de Columbia y trabajó en el *New York Times*.[9] De vuelta en París, inició sus estudios en filosofía y sociología en la Sorbona. Esta etapa de formación universitaria transcurrió durante la década de los 60. El ambiente feminista con el que la autora se topó, tanto en la academia como en las calles, se caracterizó por la búsqueda de la liberación sexual expresada, primordialmente, en la lucha por la legalización del uso de anticonceptivos orales.[10]

---

[6]   Simone de Beauvoir (París, 09.01.1908-14.05.1986) fue filósofa, escritora, profesora y una de las más importantes pensadoras en la historia del feminismo francés. Su obra, *El segundo sexo*, marcó un antes y un después en el feminismo. Además de haber sido una escritora prolífica, mantuvo una relación amorosa con el filósofo existencialista Jean Paul Sartre. Beauvoir misma se circunscribió en la línea de pensamiento de este autor. También defendió el marxismo y el ateísmo.

[7]   Juan Sisinio Pérez, *op. cit.*, cap. 7.

[8]   Catherine Rodgers, "Élisabeth Badinter and the Second Sex: An Interview", *Signs*, vol. 21, núm.1, 1995, p. 152. Traducción propia.

[9]   Jane Kramer, *op. cit.*, p. 4.

[10]   En Francia, la lucha por la legalización de los anticonceptivos orales tuvo tres momentos relevantes. En 1956, se fundó *La Maternité Heureuse*, un movimiento encaminado a la difusión de las ideas sobre el control de natalidad, cuyo principal reto era la revisión y eliminación de la ley francesa de 1920 sobre la penalización del aborto y la prohibición del uso de anticonceptivos. En 1960, *La Maternité Heureuse* se convirtió en el Mouvement Français pour le

Aquello significó un cambio de mentalidad con respecto al matrimonio, la sexualidad, la reproducción y la familia.[11] La maternidad era para las mujeres feministas el principal motivo de su estatus social desigual, pues el lugar de la mujer en la sociedad se definía por su papel en la reproducción humana. Por esta razón, la píldora anticonceptiva se leyó como un elemento clave en la liberación sexual. La posibilidad de decidir anticipadamente sobre la fecundidad de las relaciones sexuales implicó para las mujeres afirmar que la maternidad no era ni el destino único femenino ni el único fin de la sexualidad. Así, las mujeres tomaron el control sobre la reproducción y la vida sexual en su conjunto.[12] Las relaciones sexuales se separaron del amor, la estabilidad, la fidelidad y el compromiso, y se convirtieron en una cuestión de satisfacción individual a la que hombres y mujeres tenían igual derecho. La familia perdió su valor subordinándose a la consecución de objetivos personales. Esa pérdida de prioridad se expresó en la planificación familiar asociada al control de natalidad.

A esta situación, desde Estados Unidos, se suma la difusión del pensamiento de Betty Friedan.[13] En su texto de 1963, *La mística de la*

Planning Familial (MFPF), orientado a la legalización del aborto, el uso libre de anticonceptivos y el fomento de la educación sexual tendiente al control de la natalidad (las acciones e ideas de este movimiento se vieron reflejadas más adelante en la Ley de Planeación Familiar de 1974). Finalmente, en 1967, fue aprobada la Ley Neuwirth que permitió el uso de anticonceptivos orales. Esta ley empezó a ser aplicada a partir de 1972. Para mayor información, consultar en Le Planning Familial, *Le Mouvement*, acceso el 18 de marzo de 2022. https://www.planning-familial.org/fr/le-mouvement-112

[11] El cambio de mentalidad introducido por los anticonceptivos orales no fue repentino. Desde principios del siglo xx, la difusión del uso del preservativo y, más adelante, del uso del diafragma habían generado una ruptura a nivel social en la relación entre matrimonio, sexualidad y reproducción. Las relaciones sexuales dejaron de ser una realidad reservada para los esposos y fueron separadas de su fin procreativo. Esta nueva forma de ver la sexualidad permitió la difusión de ideas de control de natalidad y planificación familiar, inicialmente en Gran Bretaña y Estados Unidos en la década de los 30.

[12] Nadine Lefaucheur, "Maternidad, Familia, Estado", en Georges Duby (dir.) y Michèle Perrot (dir.), *Historia de las mujeres en Occidente. El siglo xx*. vol. II. La nueva mujer, Madrid, Taurus, 1993, pp. 55-79.

[13] Betty Friedan (Illinois, 04.02.1921-Washington, 04.02.2006) es una de las pensadoras y líderes destacadas del feminismo de los 60 y los 70 en Estados Unidos. En 1947, contrajo matrimonio

feminidad, esta autora hace dos grandes denuncias: muestra la existencia de una mística que lleva al rango de norma obligatoria el modelo de ama de casa y madre de familia; y expone lo que ella llama *el problema que no tiene nombre*, se trata de la insatisfacción vital que sienten las amas de casa de clase media de su tiempo. Según Friedan, con todos los beneficios tecnológicos del *american way of life*, las mujeres empezaron a sentirse como un artefacto más del hogar. Muchas mujeres se sintieron identificadas con estas denuncias que rompieron el ideal de la ama de casa e invitaron a las mujeres a pensarse más allá de los límites del hogar.[14]

En este contexto, Élisabeth no sólo adelantó sus estudios universitarios, también se reencontró con Robert Badinter. A los veintidós años, en 1966, la pensadora se casó con él. Al hablar de Robert, ella reconoce en él una ayuda y un apoyo, lo considera un verdadero feminista.[15] Él es, junto a su padre, otra de las figuras relevantes en su vida.[16]

---

con Carl Friedan con quien tuvo tres hijos. Su experiencia como esposa y madre formó parte de la motivación para emprender el estudio sobre la vida de las mujeres de su tiempo, que dio como resultado la publicación en 1963 de *La mística de la feminidad*. Tres años después, Friedan participó en la fundación de la Organización Nacional de Mujeres (now, por sus siglas en inglés), uno de los movimientos más importantes en Estados Unidos y referente de las luchas femeninas en el mundo entero. Fue una defensora acérrima de la igualdad en el ámbito laboral y del aborto gratuito. Insistió en la necesidad de rescatar la idea ilustrada de que las mujeres, al igual que los hombres, son seres dotados de razón. En 1969, se divorció de su esposo. También se dedicó a la escritura y el periodismo.

[14] *Cfr.* Juan Sisinio Pérez, *op. cit.*, "De los años cincuenta a los setenta: bienestar capitalista y nuevas respuestas feministas" (cap. 7).

[15] Brut, *Une vie: Élisabeth Badinter*, acceso el 10 de mayo de 2020. https://www.youtube.com/watch?v=ZYf-izRnn1k

[16] Robert Badinter (París, 30.03.1928-) es un abogado francés proveniente de una familia judía. Estudió la carrera de derecho, una licenciatura en Letras, una maestría en Artes y un doctorado en Derecho. Cuando se reencontró con Élisabeth, se desempeñaba como profesor universitario y hacía poco se había divorciado de su primera esposa, la actriz francesa Anne Vernon. Después de su segundo matrimonio, continuó siendo profesor de derecho en diferentes instituciones hasta convertirse en profesor emérito del École de droit de la Sorbonne. Paralelamente, fundó con dos compañeros una firma de abogados y en el ejercicio se convirtió en un abanderado en la lucha contra la pena de muerte. A nivel político, se destacó por

La diferencia de edad entre los esposos llevó a Élisabeth a ser madre muy pronto. El mismo año de su matrimonio, los Badinter tuvieron a su primera hija, Judith; dos años después, nació el segundo hijo, Simon Marcel;[17] y en 1970, el tercer hijo, Benjamín. Mientras comenzaba su vida como madre, Badinter se preparaba para aprobar el examen de agregación de Filosofía, título que la habilitaría para impartir clases. Para ella, éste fue un tiempo de gran fatiga. A pesar de que tenía la ayuda de una niñera, con dificultad lograba hacerse cargo de sus hijos mientras avanzaba en sus estudios.[18] En 1972, aprobó el examen e ingresó a trabajar como profesora en un liceo. También se especializó en el Siglo de las Luces y la escritura de biografías literarias.

Ella misma organizaba su horario para estar con sus hijos tanto como le fuese posible.[19] Se describe a sí misma como una madre promedio. Estuvo ahí para sus hijos tanto como pudo, pero nunca quiso ser lo que ella llama una *Mozart de la maternidad*;[20] es decir, una mujer capaz de cumplir con los estándares sociales de la madre perfecta y, al mismo tiempo, llegar al culmen de su realización personal. Éste es un ideal con el que la autora batallará en adelante.

La incursión de Badinter en la docencia coincidió con el inicio de la década de los 70. En el feminismo, esta época estuvo marcada por la lucha en favor de la legalización del aborto.[21] Éste fue aprobado en Francia bajo ciertas condiciones por la Ley Veil de enero de 1975. Badinter, con 26 años y tres hijos, se encontraba entre las jóvenes mujeres francesas que defendieron fervientemente esta causa. Para ella, la posibilidad de abortar cambió radicalmente el estatuto de la mujer.

---

ser ministro de justicia (1981-1986), líder en la Comisión de Revisión del Código Penal Francés (1985) y presidente del Consejo Constitucional (1986-1995).

[17] Ese mismo año muere la hermana mayor de Élisabeth, Marie François, en un accidente.

[18] Jane Kramer, *op. cit.*, p. 4.

[19] *Idem.*

[20] *Ibidem*, p. 5

[21] *Cfr.* Juan Sisinio Pérez, *op. cit.*, cap. 7.

Igualmente, los 70 se caracterizaron por el surgimiento de nuevas corrientes feministas, influenciadas por el pensamiento de autoras como Kate Millett[22] y Shulamith Firestone.[23] La primera fue de particular importancia para Badinter, pues su primer ensayo sobre el tema de la mujer, *¿Existe el amor maternal?* (1980), estuvo influenciado por la obra más destacada de Millet, *Política sexual*.[24] En ésta, la feminista estadounidense transmite una idea fundamental "el sexo es una categoría social impregnada de política".[25] Sobre la base del pensamiento de Beauvoir, Millett comprende las relaciones sexuales en clave de poder, cuyo sostenimiento está orientado al mantenimiento del sistema de dominación patriarcal. Visto así, la familia y la sexualidad son realidades políticas en las que se interioriza el sexo como categoría fundante del patriarcado. Estas ideas se sintetizan en el famoso lema de la pensadora. "Lo personal es político".

---

[22] Kate Millett (Saint Paul, 14.09.1934-París, 06.09.2017) fue una escritora, profesora y activista feminista estadounidense. La obra *Política sexual*, basada en su tesis doctoral, se considera uno de los textos clave para el surgimiento del feminismo radical. Millett también se dedicó al arte, principalmente a la escultura. Estuvo un tiempo en Irán con el propósito de luchar por los derechos de la mujer.

[23] Shulamith Firestone (Feuerstein, 07.01.1945-Nueva York, 20.08.2012) fue una activista y feminista radical conocida por su lectura marxista de la diferencia sexual. Para ella, la desigualdad entre hombres y mujeres está vinculada a la maternidad. Acabar con esta desigualdad requería que las mujeres tomaran el control sobre la reproducción, de forma tal que esta función social fuera trasladada al Estado; evidentemente, esta revolución sexual está atada a la revolución socialista. Una vez derrumbado el capitalismo, se entraría en una sociedad pospatriarcal, donde las innovaciones científicas en manos del poder estatal permitirán a las mujeres deshacerse de la desigualdad biológica traída por la maternidad (*cfr.* Juan Sisinio Pérez, *op. cit.*, cap. 8).

[24] El influjo de Millett en *¿Existe el amor maternal? Historia del amor maternal. Siglos xii al xx* se expresa en dos aspectos. Por una parte, en la mirada política sobre las relaciones sexuales. Pese a que Badinter se distancia de Millett en la comprensión del patriarcado, esta visión política de la realidad personal femenina impregna el pensamiento feminista de la época. Por otra parte, Badinter retoma la argumentación de Millett en *Política sexual* para hacer su propia crítica al psicoanálisis de Freud. Éste es un aspecto que cobrará importancia en la idea de la androginia. Pues, para la pensadora francesa, la androginia como modo de comprender la sexualidad humana es una realidad principalmente psicológica. *Cfr.* Élisabeth Badinter, *¿Existe el amor maternal? Historia del amor maternal. Siglos xii al xx*, Barcelona, Paidós-Pomaire, 1980 (en adelante, *¿Existe el amor maternal?*).

[25] *Cfr.* Juan Sisinio Pérez, *op. cit.*, cap. 8.

¿Existe el amor maternal? Historia del amor maternal. Siglos XII al XX es un ensayo resultado de un seminario impartido durante dos años por Badinter en el École Polytechnique de París. Allí la pensadora parisina cuestionó el fundamento de los estándares sociales sobre la maternidad partiendo de inquietudes expresadas por Simone de Beauvoir años atrás con respecto al instinto maternal:[26] "Defiende que el amor maternal no es un instinto innato que proviene de una naturaleza femenina sino más bien un comportamiento histórico y social que varía según épocas y costumbres y desafía el discurso imperante de que la felicidad y la realización personal sólo pueden alcanzarse a través de la maternidad".[27]

Estos planteamientos surgieron del estudio histórico y sociológico del modo de comprensión de la maternidad entre los siglos XVII y XX. Badinter ahonda en estas ideas en *Emilie, Emilie ou l'ambition fémenine a XVIIIe siècle* (1983). En esta publicación, estudia las figuras de Madame du Châtelet,[28] quien encarna la ambición personal, y Madame d'Épinay,[29] quien encarna la ambición femenina, para mostrar cómo la sociedad hizo de la maternidad una pesada carga para la mujer.

---

[26] Imogen Long, "Dans la lignée de Beauvoir: Élisabeth Badinter", en *Women Intellectuals in Post-68 France: Petitions and Polemics*, Basingstoke, Palgrave Macmillan, 2013, pp. 87-103.

[27] Teresa Martín-García, "Élisabeth Badinter. *¿Existe el amor maternal? Historia del amor maternal. Siglos XVII al XX*" [Reseña], *Encrucijadas. Revista de Ciencias Sociales*, vol. 18, Barcelona, Paidós-Pomaire, 2019, p. 1.

[28] Émilie du Châtelet (París, 17.12.1706-Lunéville, 10.09.1749) fue una mujer intelectual francesa reconocida por sus estudios en física, matemáticas y filosofía. También es recordada por su relación afectiva con Voltaire. Esta relación personal influyó en la mirada de este pensador sobre las mujeres. El compartir con Madame du Châtelet llevó al intelectual francés a defender que la filosofía es un campo tan femenino como masculino. *Cfr.* Auffret Séverine, "Mujeres y filósofos", en *Historia del feminismo. Desde la Antigüedad a nuestros días*, Buenos Aires, El Ateneo, 2019, pp. 302-317.

[29] Louise D'Épinay (Valenciennes, 11.03.1726-París, 17.04.1783) fue una mujer de letras francesa, que mantuvo diferentes tipos de relaciones con los intelectuales de su época. Es una figura a la que Badinter recurre por ser la encarnación de lo que ella llama la ambición femenina: una mujer que en la vida intelectual encontró su independencia sin dejar de lado la maternidad. *Cfr.* Élisabeth Badinter, *Las pasiones Intelectuales II: Exigencia de dignidad*, Buenos Aires, Fondo de Cultura Económica, 2009, p. 219.

Evidentemente, el interés de Badinter en el tema de la maternidad responde tanto a los cambios propios de su tiempo como a su experiencia personal. Como hemos visto, el tiempo de formación universitaria, el inicio de la vida de esposa y madre y de la labor docente coincidieron con dos décadas de transformaciones relativas a la mujer, la familia y la sexualidad, en donde la maternidad como horizonte de vida para la mujer se vio fuertemente cuestionada.

De hecho, una de las críticas más fuertes dirigidas a Badinter se refiere al contraste entre sus ideas sobre la maternidad y su vida personal: ¿por qué defender con las letras una postura que no se asume en la propia existencia? Pues, aunque la autora no dejó de perseguir sus ambiciones en el campo académico, se casó joven y en cinco años tuvo tres hijos a quienes se dedicó, incluso si ello implicó no haber alcanzado en su juventud un título doctoral. Podríamos afirmar que la vida de la autora iba en una dirección contraria a la de su pensamiento y de los cambios sociales que ella misma promovía.

Al respecto, podemos encontrar respuestas aproximándonos a otro de los grandes ámbitos de investigación en los que se ha desempeñado Badinter. Se trata del estudio de los pensadores de la Francia del siglo XVIII. Entre las obras más importantes de la autora en esta área encontramos *Condorcet, Un intellectuel en politique* (1988), texto que escribió junto a su esposo, y los tres volúmenes de *Las pasiones intelectuales* (1999, 2002 y 2007).

La pasión por el Siglo de las Luces le dio a Badinter una mirada de la sociedad basada en cuatro ideales ilustrados: la defensa de la laicidad, el racionalismo, la noción de libertad y la centralidad de la igualdad universal. Desde luego, esto se manifiesta en la postura feminista de la autora "motivada por la convicción liberal de que la mujer debe ser igual al hombre y compartir sus privilegios".[30] Para ella, el camino de la liberación femenina pasa por el reconocimiento del

---

[30] Sylvie Gambaudo, "Élisabeth Badinter (2006) Dead End Feminism", *Feminism & Psychology*, vol. 19, núm.1, 2009, p. 141. Traducción propia.

principio universalista según el cual son más importantes las semejanzas entre los seres humanos que sus diferencias.[31] Por ello, Badinter sitúa el fin del patriarcado en la Revolución francesa. Desde su perspectiva, los ideales ilustrados rompen con la idea de un sistema de dominación masculina que esclaviza a la mujer.[32] El feminismo debe estar encaminado a impulsar a las mujeres en su lucha por adquirir la capacidad de decidir en libertad su horizonte vital, más que enfrascarse en una confrontación entre hombres y mujeres por sus diferencias.

Entonces, la clave para encontrar el punto de anclaje entre el feminismo de esta autora y su vida personal está en su comprensión de la lucha feminista a partir de los ideales ilustrados. Badinter aboga por que todas las mujeres puedan optar en libertad por el tipo de vida que deseen. Es decir, aboga por que todas las mujeres puedan tomar una opción vital como ella lo hizo, en la libertad de dejar atrás las ficciones socioculturales que esclavizan a las mujeres a falsos ideales sobre sí mismas. Así, pues, el feminismo, para Badinter, debe desmentir y desmontar las ideas en torno a la mujer a lo largo de la historia, las cuales, al esclavizarla, la alejan de su realización personal. En este punto, vemos cómo en el feminismo de esta pensadora confluyen los ideales ilustrados, la influencia de Beauvoir junto a su experiencia como hija, esposa y madre.

En el ámbito de la sexualidad, Badinter también explora los temas de la masculinidad y la relación entre los sexos con dos publicaciones: en 1986, *El uno es el otro*, texto donde expone su controversial postura de la sexualidad humana basada en la androginia; en 1992, *XY. La identidad masculina*. En este último texto asegura que, con la eliminación de las ideas tradicionales de masculinidad y feminidad por parte de los movimientos de mujeres, se abrió la posibilidad de

---

[31] Badinter ha dicho que su lema de vida podría ser: "Las semejanzas entre los seres humanos son más importantes que sus diferencias". *Cfr.* Thé ou Café, *Élisabeth Badinter-Intégrale du 27/11/2016*, última modificación el 28 de noviembre de 2016. https://www.youtube.com/watch?app=desktop&v=ni7dXC2OKQE

[32] Élisabeth Badinter, *El uno es el otro...*, pp. 140-144.

descubrir el sentido auténtico de lo masculino sin la sombra de los estereotipos basados en la idea de una naturaleza masculina representada en la fórmula cromosómica *XY*.[33] El nuevo hombre ya no está atado a las ideas machistas y falocéntricas: puede implicarse en las tareas tradicionalmente entendidas como femeninas sin por ello dejar de ser hombre.[34]

Badinter continuó con su labor de enseñanza y se posicionó en el medio intelectual francés por su conocimiento sobre el Siglo de las Luces y sus pronunciamientos sobre temas relacionados con la mujer. En 2003, publicó *Por mal camino*, texto en que la autora denuncia la ruta errada que tomó el feminismo a partir de la década de los 80. Al haberse enraizado en la diferencia, el feminismo se alejó de la defensa del valor universal de la igualdad y creó una brecha entre hombres y mujeres alimentada por la idea de que la mujer es siempre, real o potencialmente, una víctima de su verdugo: el hombre.

En 2010, Badinter publicó *El infante de Parma*, donde presentó el experimento filosófico educativo al que sometieron a Ferdinand, infante de Parma, hijo de la princesa Luisa Isabel de Borbón, a mediados del siglo XVIII. Ese mismo año, la autora regresó al tema de la maternidad con *La mujer y la madre: Un libro polémico sobre la maternidad como nueva forma de esclavitud*, ensayo en el que desarrolla una fuerte crítica al modo contemporáneo de comprender la maternidad. En 2016, con *Le pouvoir au fémenin* y, en 2020, con *Les conflits d'une mère: Marie-Thérèse d'Autriche et ses enfants*, la autora se aproximó al mismo tópico a partir de la experiencia de María Teresa de Austria, reina, esposa y madre de dieciséis hijos que "inaugura una nueva etapa de la maternidad"[35] cercana a la vivencia de las madres de hoy.

---

[33] Élisabeth Badinter, *XY: La identidad masculina*, Barcelona, Alianza Editorial, 1987, p. 20.

[34] *Ibidem*, p. 197.

[35] Jean-Christophe Verhaegen, "La laïcite au secours de l'unité républicaine, avec Élisabeth Badinter", *France Culture*, 23 de noviembre de 2020, acceso el 9 de septiembre de 2021. https://www.franceculture.fr/emissions/linvitee-des-matins-2eme-partie/la-ligne-rouge-de-la-politique-securitaire-a-la-derive-autoritaire-avec-vanessa-codaccioni (traducción propia).

En la actualidad, Élisabeth Badinter es reconocida como una de las intelectuales más influyentes en Francia.[36] Se ha convertido en una voz autorizada en el debate público, particularmente en lo referente al tema de la laicidad. Es una abanderada en la defensa de la ley de 1905 de separación entre la Iglesia y el Estado. Para ella, este texto fundacional de la República laica es el garante de las libertades individuales en Francia.[37] Igualmente, Badinter es considerada como un referente de opinión en temas de mujer. La androginia, la maternidad, la identidad masculina y su posición en contra del uso de la burka son algunos de los temas que la han convertido en una intelectual notable en este campo.

2. El feminismo de Badinter

Al acercarnos a la vida de Élisabeth Badinter, vemos que su feminismo se configuró en el encuentro de cuatro ideales ilustrados y dos aspectos heredados del pensamiento de Simone de Beauvoir. A continuación, presentamos dichos elementos para mostrar cómo se entrelazan en la formación del pensamiento feminista de esta autora.

El primer ideal ilustrado tomado es la laicidad. Para la autora, debe haber una separación radical entre Iglesia y Estado. Sin importar la confesión, el poder religioso debe mantenerse al margen de los asuntos públicos. La dimensión religiosa del ser humano pertenece a la intimidad y no puede influir en nada más allá del fuero interno de la persona.

Este primer ideal quedó expuesto en *Las pasiones intelectuales*. Allí la autora narra la aparición en el corazón de hombres como D'Alembert, Diderot, Voltaire, Helvétius y Montesquieu de tres pasiones

---

[36] Así la describió en 2010 el diario *Marianne*.

[37] Perrine Cherchève y Marie Huret, "Élisabeth Badinter: En France, Dieu ne gouverne pas la cité", *Marianne*, 4 de enero de 2018, acceso el 6 de febrero de 2021. https://www.marianne.net/societe/Élisabeth-badinter-en-france-dieu-ne-gouverne-pas-la-cite

intelectuales: el deseo de gloria, la exigencia de dignidad y la voluntad de poder, que se manifestaron en la esfera pública gracias a la emancipación del saber de la Iglesia. Durante la Edad Media, el saber era cultivado primordialmente en conventos y seminarios, justamente porque Dios era la búsqueda de teólogos, filósofos y científicos. Sin embargo, las Luces traen un cambio en la mirada, el hombre deja de contemplar a Dios para ponerse a sí mismo en el centro. En palabras de Badinter: "Habrá que esperar al humanismo y a la revolución intelectual del Renacimiento para que el saber deje de ser patrimonio exclusivo de los teólogos. La renovación científica es esencialmente obra de laicos que hacen estallar al mismo tiempo el cosmos de la Antigüedad y el yugo de la escolástica".[38]

Gracias a ese estallido, el conocimiento dejó de regirse por la moral de la Iglesia. Ya no era necesario dejar a un lado el egoísmo, el orgullo y la soberbia para garantizar un ejercicio intelectual abierto a la acción divina: los hombres de letras podían dejarse mover por las pasiones intelectuales.[39] Para ellos, la verdad continuó siendo la búsqueda principal, no obstante, para encontrarla, Dios ya no era necesario; con el esfuerzo y las capacidades humanas, bastaba.[40]

Por esto, la razón adquirió un papel fundamental: los ilustrados eran hombres que actuaban de acuerdo con ese principio. Ella debía ser el único ángulo de comprensión tanto de la realidad, como

---

[38] Élisabeth Badinter, *Las pasiones intelectuales I: Deseos de gloria*, Buenos Aires, Fondo de Cultura Económica, 2007, p. 15.

[39] *Ibidem*, pp. 15-23.

[40] En el ámbito antropológico es claro que conocer al ser humano fuera de la visión cristiana significa una radical transformación. Si el hombre no fue creado por Dios y para Dios, entonces ha de buscar nuevos horizontes que le permitan resolver la cuestión de su origen y destino último. Igualmente, si la dignidad humana ya no está enraizada en la imagen y semejanza de Dios y en el llamado a la comunión divina, entonces habrá que buscar una nueva forma de fundamentación para el respeto, la convivencia y la justa valoración del otro. En esta misma línea, las demás cuestiones que atañen al ser humano como, por ejemplo, el problema del origen del mal, la pregunta por el sentido del sufrimiento, el deseo de vivir en libertad, la búsqueda de la felicidad y el sentido de la sexualidad, deben ser repensadas. *Cfr.* Joseph Ratzinger, "Lo que cohesiona al mundo", en *Entre razón y religión: Dialéctica de la secularización*, México, Fondo de Cultura Económica, 2008, pp. 36-37.

del ser humano. Este aspecto se ve expresado en el pensamiento de Condorcet,[41] autor considerablemente influyente en el desarrollo intelectual de Badinter. Él se caracterizó por una idea de progreso definida como un movimiento inevitable, natural del ser humano, dinamizado por los avances científicos hacia la perfectibilidad.[42] La ciencia, y no la religión ni la metafísica, era el único criterio de verdad que podía llevar al progreso moral y a la felicidad, a saber, a una vida racionalmente conducida. Aunque Badinter no comparte las ideas utópicas de progreso científico de Condorcet, sí se identifica tanto con él como con otros ilustrados en su visión racionalista. Así, el segundo ideal que toma la autora de la Ilustración es el imperio de la razón como criterio orientador de todo lo humano.

Los ilustrados consideraban que tal género de vida requería la liberación de todo prejuicio moral, político o religioso impuesto por el Antiguo Régimen.[43] Esto se relaciona con el tercer ideal ilustrado tomado por Badinter: la noción de libertad. En el segundo volumen de *Las pasiones intelectuales*, la autora llama la atención sobre la lucha que los intelectuales obtuvieron por la libertad de pensamiento.[44] Los hombres de letras se rehusaron "a someter el pensamiento

---

[41] Marie-Jean-Antoine-Nicolas de Caritat, marqués de Condorcet (Ribemont, 17.09.1743-Bourg-la-Reine, 29.03.1794) fue un hombre entregado a la causa de la razón. Matemático, filósofo y *politique* francés. Discípulo de Turgot y uno de los hombres más célebres pensadores de la Europa de las Luces. Su idea del progreso en la igualdad se vio expresada en su lucha contra la esclavitud y la pena de muerte, su favorabilidad por otorgarle la ciudadanía a protestantes y judíos, y su defensa de la total igualdad de hombres y mujeres ante la ley. Al final de su vida, fue perseguido por Robespierre por ser considerado enemigo de la república. En este tiempo, escribe su obra maestra *Esquisse d'un tableau historique des progrés de l'esprít humain*. Finalmente, fue arrestado y recluido en una celda en Bourg-Egalité. *Cfr.* Frank Manuel y Fritzie Manuel, "Condorcet: Progresando hacia Eliseo", en *El pensamiento utópico en el mundo occidental*, Bernardo Moreno Carrillo (trad.), Madrid, Taurus, 1984, pp. 394-436.

[42] Frank Manuel y Fritzie Manuel, "Condorcet: Progresando hacia Eliseo", *op. cit.*, pp. 366-427.

[43] Jean Sévillia, "La Ilustración y la tolerancia", en *Históricamente incorrecto: Para acabar con el pasado único*, Madrid, El buey mudo, 2009, pp. 161-181.

[44] Bettina Knapp, "Les Passions intellectuelles. l'Exigence de dignité", *Symposium*, vol. 56, núm. 4, 2002, pp. 231-234.

propio a cualquier clase de imposición"[45] proveniente de los poderes del monarca y la Iglesia, aun cuando ello significara abandonar la familia, perder posesiones o vivir como un perseguido. La libertad es libertad de imposiciones para vivir de acuerdo con la razón.

Al encontrarse esta noción ilustrada de libertad con el aspecto culturalista del pensamiento de Simone de Beauvoir, se constituye una nota característica del feminismo de Badinter. La idea de que la libertad —entendida como la capacidad de orientarse a sí mismo desde la razón y bajo los designios de la propia voluntad— requiere la eliminación de toda falsa imposición sobre el ser humano, también está presente en el pensamiento de Beauvoir con un matiz dado por su postura existencialista.

> En la filosofía existencialista, el sujeto se caracteriza por ser un permanente proyecto de ser, es decir, un ser abierto a la trascendencia, cuyo hacer consiste en superar continuamente su estado inicial, escapando de la inmanencia que es patrimonio propio de las cosas. Quiere decir que no hay esencia humana alguna, como bien indica el rótulo de esta corriente filosófica. El ser humano comienza por no ser nada, el sujeto es lo que él se hace a través de la acción.[46]

Desde esta perspectiva, para ser libre, el ser humano primero debe deshacerse de cualquier idea de esencialidad para, posteriormente, vivir su libertad en la ejecución de acciones pertenecientes a su propio proyecto.

Beauvoir aplica esta visión existencialista al problema de la mujer. Para ella, la naturaleza femenina es la más opresiva de las ideas, transmitida por la cultura machista: "No se nace mujer, se llega a serlo".[47] Con ella, afirma que no existe "algo que caracterice

---

[45] Élisabeth Badinter, *Las pasiones intelectuales II*, p. 14.

[46] Teresa López Pardina, "La noción de sujeto en el humanismo existencialista", en Celia Amorós (ed.), *Feminismo y filosofía*, Madrid, Síntesis, 2000, p. 193.

[47] Simone de Beauvoir, *El segundo sexo*, Madrid, Cátedra, 2018, p. 341.

ontológicamente a la mujer como tal".[48] Antes bien, la feminidad es una realidad culturalmente construida a partir de los roles asignados con base en la realidad biológica y el concepto de naturaleza, no es más que una realidad discursiva que genera división. Esta noción es el fundamento de los tipos ideales de lo masculino y lo femenino que distancian a varones y mujeres y los encarcelan en una única manera de ser.

De allí se sigue que la liberación femenina requiera la eliminación de todas las ideas culturalmente transmitidas que esclavizan a la mujer a una única forma de vivir, cuya raíz se encuentra en la idea de naturaleza femenina. Badinter asume esta noción de libertad y le agrega un elemento: la libertad es *libertad de* imposiciones sociales *para* la consecución de las ambiciones personales.[49] De acuerdo con la autora, en el corazón de todo ser humano existen unas ambiciones personales, unos deseos, unas metas por alcanzar relacionadas con la realización personal. No obstante, el ser humano se ve expuesto a realidades culturales, ideológicas y morales que lo hacen introducirse en una tensión interior entre rendirse ante las imposiciones sociales o perseguir sus ambiciones personales. El efecto adverso de esta tensión es la pérdida de libertad. Quien sucumbe ante el peso de las imposiciones, opta por obligación, no por libre elección. La razón salva al hombre de tal esclavitud, pues trae consigo la luz de la verdad que disipa todas las falsas ideas que amenazan con encadenar al ser humano. Así, la elección en libertad bajo el imperio de la razón lleva al ser humano a su realización personal a través de la consecución de las ambiciones personales.

En *Las pasiones intelectuales*, Badinter cita algunos ejemplos de mujeres que encarnaron la persecución de la ambición personal. Ellas vivieron en un contexto cultural que se oponía abiertamente a

---

[48] *Ibidem*, p. 25.

[49] La libertad ilustrada se centra en que el hombre alcance la perfección, la rectitud de su conducta, guiándose bajo el Imperio de su propia razón. La libertad existencialista trata de un hacer que hace al sujeto.

la realización de sus ambiciones personales. Ni las letras ni las ciencias eran campos femeninos. Si bien, las mujeres participaban de los salones intelectuales en los que se gestó la Ilustración, no era propio del sexo femenino involucrarse en el ámbito académico propiamente dicho y menos aún hacerse un nombre en medio de los hombres de letras. Al respecto, Badinter explica: "Las mujeres nunca tuvieron vedada la escritura, pero publicar ya era otro asunto; y publicar en nombre propio, una verdadera audacia [...] La exposición pública de una mujer de letras no era algo natural. Como solía decir la madre de madame D'Epinay a su hija, una mujer 'honrada' no da qué hablar".[50]

A pesar de las críticas, la falta de reconocimiento, los juicios y las dificultades, existieron mujeres de letras como Madame de Graffigny, "una de las pocas autoras dramáticas que han obtenido en vida un éxito tan considerable",[51] y Madame Du Boccage, que es "la segunda mujer que logró notoriedad gracias al teatro y a sus poemas".[52] También destacaron mujeres de ciencia como Madame Thiroux d'Arconville, dedicada al campo de la anatomía, quien decidió permanecer en el anonimato publicando sus trabajos bajo el nombre de algún hombre notable; y Reine Lepaute, primera mujer astrónoma francesa. Estas cuatro mujeres vivieron las tensiones de su época. Cada una, deseosa de satisfacer su sed de conocimiento y triunfar en su campo de estudio, optó por decidir en orden a la razón antes que ceder a las presiones sociales atadas a su sexo.

Al respecto, es importante resaltar que Badinter enfatiza en la figura de Madame d'Épinay. Para la autora, ésta es una mujer que, como las anteriormente mencionadas, expresa la libertad que le ha dado la razón en su ejercicio intelectual. Sin embargo, la particularidad de d'Épinay radica en que ella logra entrelazar maternidad y letras de un modo tal que vive lo que Badinter llama la *ambición*

---

[50] Élisabeth Badinter, *Las pasiones intelectuales II*, p. 207.

[51] *Ibidem*, p. 212.

[52] *Idem*.

femenina: "Su novela y sus ensayos se reúnen para trazar los contornos de un nuevo modelo femenino que dominará los siglos venideros: el de la madre todopoderosa. Preconizando por primera vez los beneficios del amor materno y los de una educación que no concierne más que a la madre, Louise al fin concedió a generaciones enteras de mujeres un estatuto de valor, intensificado por un poder efectivo que hasta entonces nadie había creído atribuirles".[53]

Para la intelectual francesa, Madame D'Epinay es una adelantada a su tiempo. En lugar de dejarse silenciar por las falsas ideas de su época, "anuncia el feminismo universalista de Simone de Beauvoir. En las antípodas del pensamiento dominante, ella afirma, contra Rousseau y Diderot, que la diferencia sexual no tiene la importancia que ellos le signan".[54] Se trata de una mujer que, viviendo en la libertad de la razón, supo perseguir sus ambiciones en busca de su propia realización, sin dejar por ello la maternidad, una mujer que persiguió la ambición femenina.

En síntesis, una primera nota característica del feminismo de Badinter es su noción de libertad femenina: la mujer es libre cuando, al negar la naturaleza y dejar las imposiciones socioculturales, persigue racionalmente sus ambiciones personales. En esta noción de libertad femenina, se entrelaza la idea de libertad ilustrada y la idea de libertad femenina proveniente de la visión culturalista de Beauvoir con un elemento propio de Badinter: la persecución de las ambiciones personales como horizonte de realización humana. Adicionalmente, cuando las ambiciones personales se entrelazan con la maternidad, la mujer persigue la ambición femenina.

Ahora bien, el cuarto ideal ilustrado, que también se asocia a otra nota característica del feminismo de Badinter, es el de la igualdad universal. En el gobierno de la razón, también debe reinar la igualdad. En este aspecto, el pensamiento de Condorcet es sumamente

---

[53] Élisabeth Badinter, *Las pasiones intelectuales II*, p. 220.

[54] *Ibidem*, p. 221.

importante, pues, según él, la igualdad universal implicaba la absoluta igualdad entre los sexos;[55] las mujeres debían ser reconocidas como seres racionales con voluntad propia, cuya libertad de elección en la razón también debía ser garantizada:

> Los hechos han probado que los hombres tenían o creían tener intereses muy diferentes de los de las mujeres, puesto que en todas partes han hecho contra ellas leyes opresivas o, al menos, establecido entre los dos sexos una gran desigualdad [...] se podría decir que el ejercicio del derecho de ciudadano supone que un ser pueda actuar por voluntad propia. Pero, entonces, responderé que las leyes civiles que establecieran entre los hombres y las mujeres una desigualdad bastante grande para que se les pudiera suponer privadas de la ventaja de tener una voluntad propia, sólo serían una injusticia más.[56]

Condorcet coincidía con mujeres de su tiempo como Olympe de Gouges[57] y Mary Wollstonecraft,[58] para quienes la Revolución francesa

---

[55] Nicolás Condorcet, "Sobre la admisión de las mujeres al derecho de la ciudadanía (1790)", en Alicia Puleo (ed.), *La Ilustración olvidada: La polémica de los sexos en el siglo xVIII*, Barcelona, Anthropos, 1993, p. 101.

[56] Nicolás Condorcet, "Cartas de un burgués de Newheaven a un ciudadano de Virginia (1798)", *op. cit.*, pp. 95-96.

[57] Olympe de Gouges (Montauban, 07.05.1745-París, 03.11.1793) fue una escritora francesa, reconocida por ser la autora de *La Declaración de los Derechos de la Mujer y la Ciudadana*. Se casó a los 17 años con Louis Aubry y tuvo un hijo. A los 20 años, abandonó su casa para irse a París. Escribió novelas y obras de teatro. Se sintió fuertemente atraída por la idea de igualdad entre todos los hombres de la Revolución francesa. Se empeñó en alcanzar ese ideal de igualdad para las mujeres. De ahí su reproducción de los Derechos del Hombre y del Ciudadano en femenino. También defendió el matrimonio como un contrato con derecho al divorcio. En política, fue partidaria de una monarquía constitucional, postura mal vista a los ojos de los jacobinos. *Cfr.* Auffrete Séverine, "Cuatro revolucionarios", en *Historia del feminismo. Desde la Antigüedad a nuestros días*, Buenos Aires, El Ateneo, 2019, pp. 351-367.

[58] Mary Wollstonecraft (Spitalfields, 27.04.1759-Londres, 10.09.1797) fue una mujer de letras, novelista, ensayista y crítica literaria inglesa. Para ella, la escritura fue medio de crítica y de emancipación femenina. En 1792, publicó su obra más reconocida *Vindicación de los Derechos de la Mujer*. Propuso eliminar las restricciones para la educación femenina, veía el

debía transformar la relación entre los sexos.[59] Por ello, reclamó para las mujeres tanto la ciudadanía como una instrucción igual a la de los hombres.[60] Estas demandas derivadas de la idea de igualdad universal son consideradas la cuna del feminismo. La pensadora española Amelia Válcarcel, conocida por sus investigaciones sobre la historia de la teoría feminista, ha llegado a afirmar que "el feminismo es el hijo no querido del igualitarismo ilustrado".[61] La promesa de igualdad universal catapultó la lucha por la igualdad entre los sexos.

Esta noción de igualdad universal también se encuentra en el pensamiento de Simone de Beauvoir. Para ella, el feminismo debe buscar la igualdad a través de la semejanza de los sexos.[62] Badinter se adhiere al feminismo universalista beauvoriano, lo que la separa de algunas corrientes feministas que surgieron entre finales de los 70 y la década de los 80 con la intención de alcanzar la igualdad a través de la reivindicación de la diferencia entre hombres y mujeres. La distinción entre universalismo y diferencialismo consiste en que se opta por llegar a la igualdad salvaguardando la semejanza o resaltando las

---

matrimonio como una *prostitución legal*, se anticipó a proponer lo que hoy llamamos discriminación positiva en favor de las mujeres. Se casó con William Godwin. Murió a los 38 años al dar a luz a su hija, Mary Shelley, conocida por ser la autora de la famosa obra literaria *Frankenstein*. *Cfr.* Auffrete Séverine, "Cuatro revolucionarios", pp. 359-364.

[59] Además de sus ideas sobre la igualdad de hombres y mujeres ante el derecho, Condorcet se imaginó "las bondades" del progreso científico en la familia y la reproducción humana. La ciencia brindaría los medios contraceptivos necesarios para regular la reproducción humana sin disminuir el placer, permitiría insertar un elemento de cálculo en el amor a los hijos a través del control de la natalidad y mejoraría la especie con medidas eugenésicas. *Cfr.* Auffrete Séverine, "Cuatro revolucionarios", pp. 252-356.; *cfr.* Frank Manuel y Fritzie Manuel, "Condorcet: Progresando hacia Eliseo", en *La Ilustración olvidada: La polémica de los sexos en el siglo XVIII*, p. 433.

[60] Nicolás Condorcet, "Acerca de la Instrucción Pública (1790)", en Alicia Puleo (ed.), *La Ilustración olvidada: La polémica de los sexos en el siglo XVIII*, Barcelona, Anthropos, 1993, p. 99.

[61] Celia Amorós, "Feminismo, filosofía y movimientos sociales", en *Feminismo y filosofía*, p. 23. La expresión *hijo no querido* es debatible. El feminismo puede considerarse como una consecuencia querida de la Ilustración en tanto medio para alcanzar el ideal de una sociedad de individuos iguales ante la ley que se realizan en su libertad, un medio referido a la situación particular de la mujer en la sociedad.

[62] Catherine Rodgers, "Élisabeth Badinter and the Second Sex: An Interview", *Signs*, p. 149.

diferencias. Para Badinter, la vía universalista es la más adecuada teniendo en cuenta que la vía diferencialista necesariamente lleva a la exclusión y al sectarismo, pues trata de volver a la idea de la naturaleza femenina. En palabras suyas: "El poder de la naturaleza se retrae, y con él la diferencia que separa a los sexos".[63]

En el universalismo converge la influencia ilustrada, particularmente de Condorcet y la de Beauvoir para constituir una nota característica al feminismo de Badinter dada en el modo en que se alcanza y se salvaguarda la igualdad entre los sexos. Para Condorcet, por su propio contexto, la igualdad entre los sexos se alcanzaba en el reconocimiento de una serie de derechos a las mujeres. La diferencia sexual y la forma de comprenderla no es el tema en cuestión, lo central es garantizar el mismo estatuto jurídico para varones y mujeres. Por su parte, Beauvoir va más allá del reconocimiento de un estatuto jurídico-político. Para ella, el origen de la desigualdad generada por la diferencia sexual está en la comprensión de lo femenino y lo masculino. La mujer es comprendida como la otra, la inesencial que se presenta de manera negativa frente a lo masculino: "En la medida en que se considera a la mujer como la Alteridad absoluta, es decir —sea cual fuere su magia—, como lo inesencial, es precisamente imposible mirarla como otro sujeto. Las mujeres nunca fueron un grupo separado que se afirmara para sí frente al grupo masculino; nunca tuvieron una relación directa y autónoma con los hombres".[64]

Como resultado, la igualdad para Beauvoir se alcanza a partir de la desaparición de la idea de feminidad y, en consecuencia, de la idea de virilidad.[65] Libre de ideas sobre la diferencia sexual, cada ser humano se puede construir ejerciendo sin limitaciones su capacidad creativa: "Cuando por fin sea posible a todo ser humano colocar su orgullo más allá de la diferenciación sexual, en la difícil gloria de su libre

---

[63] Élisabeth Badinter, *El uno es el otro…*, p. 178.

[64] Simone de Beauvoir, *El segundo sexo*, p. 128.

[65] Jennifer García Aguilar, *Existencialismo y feminismo en la obra filosófica de Simone de Beauvoir*, tesis doctoral, Universidad de Valencia, 2015, p. 256.

existencia, sólo entonces la mujer podrá confundir su historia, sus problemas, sus dudas, sus esperanzas con las de la humanidad".[66]

Aunque Badinter concuerda con Beauvoir en la necesidad de depurar el contenido de lo masculino y lo femenino para alcanzar la igualdad, para aquélla es imperativo recobrar lo compartido entre los sexos; para ello, introduce la idea de androginia:

En realidad, somos todos andróginos, porque los humanos son bisexuados, en diferentes niveles y grados. Lo masculino y lo femenino se entrelazan en cada uno de nosotros, aunque la mayor parte de las culturas han preferido describirnos y pretender que tenemos una única tendencia. La educación le ha correspondido el enmascarar las ambigüedades y enseñar el rechazo de la otra parte del yo.[67]

Con la idea de la androginia, Badinter salvaguarda la semejanza del universalismo. En lugar de entender los sexos como dos realidades enfrentadas, la autora propone una manera distinta de asumir las diferencias: "Decir que el Uno es el Otro no significa en este caso que el Uno sea igual al Otro, sino que el Uno participa del Otro y que ambos son a la vez semejantes y distintos".[68]

La idea de la androginia se desprende de un estudio histórico sobre la relación entre los sexos. Badinter encuentra que en los orígenes de la humanidad existía una visión complementaria de los sexos basada en las diferencias naturales entre ellos y la división de tareas que de allí se derivaba.[69] Éste era el modelo en cuestión: *el uno junto*

---

[66] Simone de Beauvoir, *El segundo sexo*, p. 809.

[67] Élisabeth Badinter, *El uno es el otro…*, p. 197.

[68] *Ibidem*, p. 177.

[69] Chantal Collard, "Compte rendu de Élisabeth Badinter: L'un est l'autre. Des relations entre hommes et femmes", *Anthropologie et Sociétés*, vol. 11, núm. 1, 1987, pp. 161-167. doi:https://doi.org/10.7202/006395ar

al otro. Era un orden de mutua colaboración y complementariedad positiva entre el hombre y la mujer.[70]

Posteriormente, con la llegada del patriarcado, se impuso una jerarquía de opresión para las mujeres y se pasó al modelo: *el uno sin el otro*, en favor de los hombres, —fuente de la desigualdad—. La autora afirma que ese modelo de complementariedad patriarcal está sostenido por la visión cristiana del ser humano, que se fundamenta en la necesidad de un Creador:

> Si Dios (o la naturaleza) —que no hace nada en vano— ha creado dos tipos de seres diferentes, no es sólo para introducir una mayor riqueza y diversidad en su obra, sino también para dar a cada uno conciencia de su finitud que le distingue inexorablemente del Creador. Solitario el ser humano es estéril, le falta algo. La felicidad y el sentirse complemento procede de su reunión con el Otro. Toda la teología que pretende justificar el dualismo de los sexos razona de esta forma. Son necesarias dos criaturas para tener a un creador, sin el cual están amenazados el status y el poder de Dios.[71]

Sin embargo, con la llegada de la Ilustración y la Revolución francesa, el patriarcado empieza a decaer. Los ilustrados en su deseo de liberación vieron que era necesaria la muerte de Dios para llegar a la plenitud de la libertad humana: el ser humano sólo será libre cuando se emancipe de la tutela paternal impuesta por el orden religioso. Esta negación de la paternidad divina implicó replantear todos los principios religiosos y políticos que constituían los fundamentos de la sociedad.[72] La Edad Media tenía un orden político y social fundado en la fe cristiana: la unidad social tenía su fuente en la filiación de cada ser humano con el Padre eterno. La Revolución propone un

---

[70] Élisabeth Badinter, *El uno es el otro...*, pp. 17-20.

[71] *Ibidem*, pp. 197-198.

[72] Jean Sévillia, "La Ilustración y la tolerancia", en *Históricamente incorrecto: Para acabar con el pasado único*, p. 163.

nuevo camino para la humanidad, en donde la unidad se basa en la igualdad jurídica y la razón. De allí que una de las consignas revolucionarias sea la búsqueda de una fraternidad humana sin referencia a un Padre común.

Habiendo derribado el modelo de la complementariedad patriarcal (*el uno sin el otro*), la Ilustración y la Revolución francesa posibilitan el advenimiento del modelo de la igualdad, que no es otro que el modelo de la androginia en donde *el uno es el otro*. Para Badinter, todos los seres humanos somos andróginos a nivel físico y psíquico; en lo masculino, podemos encontrar algo femenino —y viceversa—. Reconocer la androginia de todo ser humano es la vía de reconciliación de la guerra orquestada por la complementariedad patriarcal.[73]

Para la autora, el modelo entendido como *el uno es el otro* ha ido estableciéndose paulatinamente. Durante los siglos XVIII y XIX, el Padre perdió su patrocinio divino sobre la humanidad, lo que desembocó en el siglo XX en la pérdida de la autoridad paterna sobre la moral y la economía.[74] A las mujeres esto les significó, por una parte, haber ganado el gobierno de la fecundidad y la libertad sexual. La maternidad, marca irreductible de la especificidad femenina, perdió su carácter sagrado. Emancipadas de las imposiciones morales del cristianismo, las mujeres pudieron acceder a la contracepción ganando el control de la sexualidad: la mujer decide sobre la paternidad, no al revés.[75] Por otra parte, separada de la función social de la maternidad, la mujer es un individuo más en la sociedad, ya no está obligada a cumplir con la división sexual del trabajo. De esta manera, se da paso a una nueva civilización de la no-distinción de los roles masculinos y femeninos fundada en la androginia.

En suma, el feminismo de Élisabeth Badinter es un complejo entramado de ideas en el que se entretejen los cuatro ideales

---

[73] Michèle Aumont, "Sur l'humanologie d'Élisabeth Badinter", *Analyse critique, Revue des deux mondes*, mayo, 1993, pp. 143-156.

[74] Élisabeth Badinter, *El uno es el otro…*, pp. 140-141.

[75] *Idem.*

ilustrados (laicidad, racionalismo, libertad e igualdad universal) y los dos aspectos del feminismo de Beauvoir (el culturalismo y el universalismo), para dar origen a un feminismo con un rostro único. Si bien, dentro de la amplia variedad de las teorías feministas, Badinter se alinea con el feminismo culturalista y universalista de Beauvoir, también toma distancia de su madre espiritual[76] para proponer su propio pensamiento con dos notas distintivas:

La noción de libertad considerada en dos dimensiones. *Libertad de* imposición de cualquier tipo de ideas opresivas sobre la mujer, especialmente las relacionadas con la existencia de la naturaleza femenina y *libertad para* realizarse en la persecución racional de las ambiciones personales.

La búsqueda de la igualdad universal en el modelo (*el uno es el otro*) fundado en la androginia.

3. El conflicto entre la mujer y la madre

Después de habernos acercado de manera general a la vida de Élisabeth Badinter y las influencias que recibió en la conformación de su visión feminista, en este apartado presentamos el conflicto denunciado por la autora en *La mujer y la madre: Un libro polémico sobre la maternidad como nueva forma de esclavitud*. Inicialmente, nos referimos al planteamiento del conflicto y, posteriormente, a tres realidades que contribuyen a su existencia: la ideología naturalista, el feminismo esencialista y el hedonismo y el individualismo.

---

[76] Badinter se considera a sí misma heredera del feminismo humanista beauvoriano. En efecto, en 1986, con ocasión de la muerte de Beauvoir, Badinter publicó un artículo en el que manifiesta lo mucho que le debe el feminismo a Beauvoir y la reconoce como su madre espiritual (Rodgers, 1995, p. 147).

En *La mujer y la madre…*, Badinter retoma la cuestión que había abordado treinta años atrás en *¿Existe el amor maternal?*[77] Allí la autora asegura que la idea de que existe un instinto maternal innato en las mujeres es un mito creado por los ideólogos del siglo XIX, quienes tomaron la teoría de la madre *naturalmente abnegada* para cargar a la mujer de una serie de responsabilidades: "A la función de criar los hijos añadieron educarlos. Explicaron a las mujeres que eran los custodios naturales de la moral y la religión, y que la suerte de la familia y la sociedad dependía del modo como ellas educaron a sus hijos. ¡También de ellas dependía el poblamiento del cielo!".[78]

Desde esta perspectiva, en el siglo XIX, se elaboró una prisión ideológica para la mujer, cuyos barrotes fueron construidos sobre la base de la existencia de una naturaleza femenina caracterizada por la capacidad de sacrificio. La mujer fue obligada a vivir bajo un ideal que se presenta para ella como una ineludible responsabilidad: sólo podría ser feliz aquella mujer que respondiera adecuadamente a su natural llamado a sacrificarse hasta el culmen del sufrimiento para criar y hacer felices a sus hijos.[79]

Tal ideal se gestó en medio de diversos procesos históricos y se consolidó con el tiempo: "Esta nueva responsabilidad, que ya estaba en los reformadores protestantes y católicos, no dejará de acentuarse a lo largo del siglo XIX. En el siglo XX alcanzará su apogeo gracias a la teoría psicoanalítica. Desde ahora cabe decir que, si el siglo XVIII lanzó la idea de responsabilidad paterna, el siglo XIX la confirmó

---

[77] Después de *¿Existe el amor maternal?*, *La mujer y la madre…* es la primera obra que la autora dedica exclusivamente al tema de la maternidad. En los treinta años que transcurrieron entre la publicación de estos dos textos, Badinter trató sobre la maternidad —aunque no de manera exclusiva— en *Emilie, Emilie: ou l'ambition feminine au xviiiᵉ Siècle* (1983), *El uno es el otro…* (1986) y *Por mal camino* (2003). Después de *La mujer y la madre*, se acerca de nuevo al tema en *Le pouviur au fémenin* (2016) y en *Les conflits d'une mère: Marie-Thérèse d'Autriche et ses enfants* (2020).

[78] Élisabeth Badinter, *¿Existe el amor maternal?*, pp. 213-214.

[79] *Ibidem*, p. 223.

acentuando la madre, y el siglo xx transformó el concepto de responsabilidad maternal en el de culpabilidad maternal".[80]

Según Badinter, las mujeres escaparon de la prisión de la culpabilidad maternal gracias a las luchas feministas. Recordemos que, para ella, un aspecto fundamental del feminismo es la búsqueda de la libertad entendida como la posibilidad de tomar opciones sin la obligación de responder a las expectativas sociales ni a las ideas impuestas por la biología o por el entorno cultural. En este sentido, la maternidad sólo es admisible cuando la mujer opta por ella libre de discursos e ideologías y porque responde a una ambición personal. El feminismo desmontó la idea de que la maternidad es una cuestión de destino biológico, brindándole a la mujer la posibilidad de elegir entre abrazar la maternidad, rechazarla o negociar un punto intermedio de acuerdo con sus ambiciones personales.[81]

Sin embargo, la posibilidad de elegir, apalancada por la contracepción, incrementó en la mujer el sentido de responsabilidad con respecto a la maternidad. "Con la contracepción el regalo de la vida es transformado en una deuda infinita hacia un niño que ni Dios ni la naturaleza insiste que tengas".[82] Esto constituye un elemento central en lo que Badinter presentó en el libro *La mujer y la madre…* como *la revolución silenciosa*, un movimiento ideológico que se gestó entre 1980 y 2010 con el objetivo de poner de nuevo la maternidad en el corazón de la vida de las mujeres.[83] Esta revolución encuentra su dinamismo en la convergencia de tres realidades: la ideología naturalista, el feminismo esencialista y el pensamiento hedonista e individualista occidental.

---

[80] *Ibidem*, p. 147.

[81] Élisabeth Badinter, *La mujer y la madre…*, p. 15.

[82] Molly Guinness, "Women's War on Women", *The Wall Street Journal*, Dow Jones & Company Inc., Nueva York, 21 de abril de 2012. https://www.wsj.com/articles/SB10001424052702304356604577340214170952638

[83] Élisabeth Badinter, *La mujer y la madre: Un libro polémico sobre la maternidad como nueva forma de esclavitud*, p. 11 (anteriormente y en adelante, se cita como *La mujer y la madre…*).

La primera, la ideología naturalista, se refiere al conjunto de pensamiento que en esencia aboga por volver a un modelo tradicional según el cual el mundo está gobernado por principios naturales. De acuerdo con esta ideología, la naturaleza tiene una autoridad moral universal dada por su sabiduría y simplicidad.[84] Este conjunto de ideas se comunica bajo el ropaje de un movimiento moderno que invita a optar por los beneficios de las cosas naturales.[85] Su medio de difusión son los espacios políticos y el modo de difusión es la lucha contra la explotación del medio ambiente por parte del ser humano.

En las mujeres, el naturalismo funciona como un medio de persuasión que invita a volver a lo instintivo, como si en la maternidad hubiese algo esencial que exige una respuesta manifestada en ciertos cuidados que esclavizan a la madre hacia su hijo. Según los fundamentalistas de la naturaleza, el niño sólo necesita a su madre,[86] sólo ella puede garantizar el cumplimiento de demandas como la no utilización de sustancias artificiales o procedimientos médicos para asistir los nacimientos, el uso de pañales ecológicos fabricados en tela, el contacto piel a piel de noche y de día, el amamantamiento a demanda hasta una edad avanzada y los estrictos cuidados en la alimentación de la madre durante el embarazo y el tiempo de lactancia.

Badinter dedica una parte extensa de *La mujer y la madre...* a describir el carácter esclavizante de las exigencias del naturalismo. Más aún, cuando se considera el trabajo de algunos científicos que extrapolaron las teorías de la relación entre la madre y la cría en los animales a la relación entre una madre y su bebé. Las teorías del apego y la vinculación se convirtieron en el respaldo científico de muchos de los pediatras y de las organizaciones promotores del modelo de maternidad del naturalismo.

---

[84] *Ibidem*, p. 48.

[85] *Idem*.

[86] Jane Kramer, *op. cit.*, p. 5.

La ideología naturalista alimentada por los estudios científicos trae varias dificultades. Al revivir la idea de que existe un instinto maternal, se plantea de nuevo la noción de naturaleza femenina y, con ello, la mujer regresa a su estado anterior de subyugación ideológica, ahora agravado por las exigencias supremamente altas del nuevo modelo de madre. "En el regreso del naturalismo Badinter ve la dulce tiranía de los deberes maternales, en la cual colabora el bebé inocente que muy a pesar de sí mismo se convierte en el mejor aliado de la dominación masculina".[87] En otras palabras, se fomenta un "régimen [que] convierte la maternidad en un trabajo de tiempo completo",[88] lo que implica que la mujer pierda la posibilidad de integrar maternidad y ambiciones personales, y termine esclavizada al hecho de ser madre por el influjo ideológico naturalista.

Adicionalmente, están las consecuencias en la relación con los hombres, pues el régimen que promueve el naturalismo los hace irrelevantes.[89] La pensadora francesa se refiere particularmente a organizaciones (como *La Liga de la Leche*) que, con argumentos naturalistas, hacen ver a la mujer como la única digna de brindarle el cuidado adecuado a sus hijos. Esto tiene dos efectos: se resquebraja la relación marital y queda subordinada a la relación madre-hijo, pues "la llegada del hijo incrementa notablemente las horas de dedicación doméstica de la mujer, mientras que el hombre, en cuanto padre, se dedica más al trabajo profesional";[90] y, a su vez, el hombre queda existencialmente desorientado, puesto que si la maternidad es el privilegio único de la mujer, ¿qué es lo propio del hombre?, ¿acaso ellos únicamente pueden ser vistos de manera negativa frente al cuidado de los hijos?[91]

---

[87] Michele Schumacher, "Deseos personales, inclinaciones naturales y el significado del amor", *Estudios*, vol. 13, núm. 113, 2015, p. 74.

[88] Molly Guinness, *op. cit.*, p. 1.

[89] *Ibidem*, p. 1.

[90] Élisabeth Badinter, *La mujer y la madre…*, p. 27.

[91] *Ibidem*, p. 14.

La intelectual francesa advierte que las mujeres habían librado la batalla por su libertad en dos frentes:

Por una parte, en contra de la naturaleza y el argumento del determinismo biológico (o la reducción de una mujer a eso que yace en el ámbito de su cuerpo y su funcionamiento); y por otra, en contra del determinismo cultural, o la presión para vivir según un ideal promovido a través de una cultura orquestada en buena medida por machos que buscan someter a la mujer para que ocupe el lugar que le corresponde en un mundo de varones. No obstante, Badinter observa que en el presente ambas fuerzas se han combinado para formar un solo enemigo formidable ante el cual se ha doblegado hasta el feminismo.[92]

En este punto, llegamos a la segunda realidad que impulsa la revolución silenciosa denunciada por Badinter. Ella afirma que, desde finales de los años 70 y a comienzos de la década de los 80, el feminismo dio un *giro en U*, una vuelta hacia el esencialismo que le dio la espalda al universalismo de Beauvoir y centró su atención en las diferencias entre los sexos más que en sus similitudes.[93] Se trata de un conjunto de mujeres que creyeron que fue un error haber negado la naturaleza femenina en el fragor de la lucha por la igualdad,[94] por ello, defienden la idea de que "lo que hay que hacer, por el contrario, es reivindicar nuestra diferencia identitaria y convertirla en un arma política y moral".[95] Así emerge un feminismo que hunde sus raíces en todo aspecto de la experiencia biológica femenina y que toma la maternidad como la base de un nuevo concepto de poder femenino.[96]

---

[92] Michele Schumacher, *op. cit.*, p. 72.

[93] Thé ou Café, *op. cit.*

[94] Élisabeth Badinter, *La mujer y la madre…*, pp. 72-73.

[95] *Ibidem*, p. 75.

[96] *Idem.*

Badinter se refiere a autoras como Nancy Chodorow,[97] quien, desde un enfoque psicológico, reinterpreta la teoría freudiana para afirmar que la diferencia en la identidad de género masculina y femenina genera comportamientos y modos relacionales distintivos para hombres y mujeres. "Los estudios de Chodorow dieron paso a una abundante bibliografía sobre la psicología femenina y la disposición de las mujeres para la maternidad".[98] También encontramos a Carol Gilligan,[99] quien delineó el modelo de personalidad femenino "ligado a una noción fuerte de la responsabilidad frente a los demás, a una noción no egoísta de las relaciones interpersonales"[100] y, con base en ello, destaca una ética del cuidado que forma parte del modo moral femenino. En el marco de este abordaje psicológico, surge un pensamiento "que se ha ocupado de la maternidad como una práctica social generadora de una ética específica"[101] marcada por tres elementos: el trabajo persistente de la madre, la capacidad materna de

---

[97] Nancy Chodorow (Nueva York, 20.01.1944-) es una psicóloga estadounidense que se ha preguntado, con las herramientas del psicoanálisis, por el deseo femenino de la maternidad. Entre sus obras, podemos resaltar *The Reproduction of Mothering* (1978), texto destacado a la hora de reflexionar en torno a la pregunta por el lugar de la maternidad en la construcción de la feminidad. Su énfasis está en las implicaciones sociológicas que ha tenido la conciencia psicológica de las mujeres con respecto al concepto de feminidad. *Cfr.* Susie Orbach, "Some Thoughts on Nancy Chodorow's Important Contribution", *Feminism & Psichology*, vol. 12, núm. 1, 2002, pp. 23-27.

[98] Silvina Álvarez y Cristina Sánchez, "Diferencia y teoría feminista", en Elena Beltrán y Virginia Maquieira (eds.), *Feminismos: Debates teóricos contemporáneos*, Madrid, Alianza Editorial, 2008, p. 248.

[99] Carol Gilligan (Nueva York, 28.11.1936-) es una psicóloga estadounidense destacada por señalar la falta de conocimiento sobre las realidades propiamente femeninas en el estudio psicológico sobre el desarrollo moral y de la personalidad. En *In a Different Voice: Psychological Theory and Women's Development* (1982), Gilligan muestra cómo el desarrollo moral masculino está marcado por una ética de la justicia, mientras el desarrollo moral femenino se caracteriza por una ética del cuidado. Esta última es para ella la nota característica de la mujer en el ámbito social.

[100] Silvina Álvarez y Cristina Sánchez, *op. cit.*, p. 249.

[101] *Ibidem*, p. 250.

solucionar estratégicamente los problemas que se presentan por la crianza y el cuidado de los hijos.[102]

De acuerdo con la pensadora francesa, los caminos elegidos por estas mujeres constituyeron una vuelta atrás, un giro radical que vincula ecología, ciencia biológica y feminismo para hacer de la maternidad un principio celebrado como el verdadero destino de las mujeres, medio de realización personal, fuente de enriquecimiento emocional y vía para construir un mundo más humano donde la naturaleza es el argumento ético decisivo para sumir a las mujeres en su esclavitud.[103]

El influjo de estos discursos en el corazón de las mujeres se agrava cuando consideramos una tercera realidad, aquello que la autora francesa llamó *los sellos de nuestra cultura*, a saber, el individualismo y el hedonismo.[104] Si bien, el naturalismo y el feminismo son la parte del armazón discursivo que promueve un modelo específico de maternidad, el hedonismo y el individualismo constituyen el motor que impulsa a las mujeres a encarnar dicho modelo.

En lo referente al hedonismo, la pensadora francesa afirma que éste es el principal motivo por el cual una mujer en la actualidad escoge la maternidad.[105] Actualmente, realidades como el cansancio, la frustración, la soledad o la depresión, que vienen con la maternidad, se mantienen ocultas bajo una capa de fantasías sobre el amor y la felicidad maternal.[106] Las mujeres eligen la maternidad movidas por idealizaciones de perfección maternal abstraídas de la

---

[102] *Idem.*

[103] Molly Guinness, *op. cit.*, p. 1; Élisabeth Badinter, *La mujer y la madre…*, p. 72.

[104] Élisabeth Badinter, *La mujer y la madre…*, p. 12.

[105] Michele Schumacher, *op. cit.*, p. 78.

[106] Élisabeth Badinter, *La mujer y la madre…*, p. 24.

realidad,[107] por tanto, optan por la propia satisfacción o el placer expresado en sus falsas expectativas sobre lo que significa ser madre.[108]

Cuando esa idealización de la maternidad se encuentra con el discurso individualista, se genera una tensión en el corazón de la mujer. El individualismo la invita a poner el yo en primer lugar, a buscar su propio interés y alcanzar los logros personales por encima de cualquier obstáculo. Bajo el modelo de maternidad propagado por el naturalismo y el feminismo esencialista, una mujer que tenga su prioridad puesta en otras metas como el éxito económico o una brillante carrera académica encontrará un conflicto, pues "lo que es legítimo para una mujer cuando no es madre, deja de serlo en cuanto aparece un hijo".[109]

Ello se ve exacerbado por la desigualdad en la vida matrimonial. Ésta siempre ha venido con un costo social y cultural para la mujer representado en la inequidad de la división de las tareas del hogar y el cuidado de los hijos, así como en un efecto negativo en la carrera y los prospectos salariales femeninos.[110] Situación que, asegura Badinter, se ha mantenido debido a las crisis económicas que pusieron a la mujer de regreso en casa y echaron para atrás la esperanza de que los hombres compartieran las labores del hogar.[111]

Ante este panorama, la mujer se ve obligada a escoger entre perseguir sus ambiciones personales o ser madre, pues se encuentra

---

[107] Sheelah Kolhatkar, "Book Review: 'The Conflict', by Élisabeth Badinter", *Bloomberg*, 27 de abril de 2012. https://www.bloomberg.com/news/articles/2012-04-26/book-review-the-conflict-by-Élisabeth-badinter

[108] "Al parecer, lo que Badinter postula es que aquello que las mujeres realmente desean no es tanto la maternidad como tal (esto es, hijos), sino los placeres que éstos nos conceden. Por tanto, cuando el placer se acaba o se ve rebasado por los sacrificios, las mujeres se desencantan rápidamente y entonces deben admitir que han sido defraudadas por expectativas vanas, a su vez reforzadas, según sugiere Badinter, por una noción idealista de la maternidad instigada por naturalistas, feministas de la corriente esencialista y los vestigios (así lo espera Badinter) del patriarcado y sus machos" (Michele Schumacher, *op. cit.*, p. 80).

[109] Élisabeth Badinter, *La mujer y la madre…*, p. 23.

[110] *Ibidem*, pp. 27-28.

[111] *Idem*.

con la dificultad de que las responsabilidades maternales no son conciliables con el horizonte de realización personal que expresa en sus deseos.[112] Así, si la mujer opta por abandonar otras búsquedas personales será porque ha descubierto en la maternidad una fantasiosa fuente de placer egoísta alimentada por los discursos naturalistas y esencialistas.[113] Una opción orientada a su acabamiento en tanto que hunde a la mujer en una esclavitud sumiéndola en la frustración y la insatisfacción personal. Por el contrario, si la mujer opta por abandonar la maternidad, será vista socialmente como aquélla que renunció a la más grande fuente de felicidad; de modo tal que, en la persecución de sus ambiciones personales, los discursos en torno a la maternidad siempre la harán sentir insatisfecha.

Aquí se encuentra el núcleo del conflicto entre la mujer y la madre:

> Hoy en día las mujeres se enfrentan a nuevas preguntas: ¿en qué actividad me sentiré más plena? ¿La maternidad es el acto que más puede enriquecerme? ¿No me realizaré mejor en una carrera profesional? ¿En caso de que no quiera sacrificar ni lo uno ni lo otro, cuál será mi prioridad? Para la mayoría, una vida sin hijos es impensable, pero no por ello están dispuestas a sacrificar su independencia financiera, su vida social y un cierto tipo de afirmación personal.[114]

Dicho conflicto no surge porque maternidad y realización personal sean dos opciones diametralmente diferentes, sino porque existen discursos que llevan a la mujer a oponer esas dos realidades, pues en principio las mujeres desean unir sus intereses y su deseo de ser madres.[115] La pensadora francesa afirma que la decisión de tener

---

[112] *Idem.*

[113] Michele Schumacher, *op. cit.*, pp. 78-79.

[114] Élisabeth Badinter, *La mujer y la madre…*, p. 147.

[115] *Ibidem*, p. 128.

un hijo debería darse de forma racional, "de acuerdo con el programa o estilo de vida que cada quien haya elegido libremente".[116] En ese marco de oposición, la mujer no puede tomar una decisión en libertad, pues su elección estará supeditada a condicionamientos sociales disfrazados de condicionamientos naturales.[117]

Finalmente, en busca de una vía para resolver este conflicto, Badinter dedica la tercera parte de su libro a estudiar los diversos modos en que las mujeres responden en la actualidad a la elección entre la mujer y la madre.[118] En ello, se detiene a reflexionar en torno a las mujeres sin hijos para afirmar que el hecho de que haya un grupo de mujeres en aumento que toma esta opción sugiere la necesidad de redefinir la identidad femenina.[119] La definición tradicional de las mujeres como madres no se podrá sostener mientras haya mujeres que aseguren sentirse más femeninas que aquéllas para quienes la plenitud se detiene en sus hijos.[120] Según la autora, las mujeres sin hijos prueban que no hay nada de absoluto o esencial que distinga a mujeres de hombres y que la maternidad tampoco puede ser la clave de la identidad femenina ni de la realización de las mujeres.[121] Así, la solución a la tensión interior femenina consiste en cambiar el contenido de lo que significa ser mujer para que la maternidad no se convierta en fuente generadora de conflicto.

---

[116] Michele Schumacher, *op. cit.*, p. 80.

[117] *Ibidem*, p. 75.

[118] Badinter muestra cómo para responder al conflicto entre la mujer y la madre, las mujeres negocian entre diferentes elementos relevantes para ellas como, por ejemplo, el deseo de tener hijos, la independencia financiera, la vida social, la búsqueda de una pareja estable, las metas académicas y laborales y el deseo de autoafirmación. La consecuencia a la hora de buscar un balance entre estos elementos ha llevado a que las mujeres posterguen el primer embarazo, o bien, decidan renunciar a la idea de tener hijos. Así, los modos de respuesta al conflicto entre la mujer y la madre van desde la madre por vocación hasta la mujer que se rehúsa a la maternidad, pasando por mujeres que tratan de encontrar un balance entre las ambiciones personales y el llamado de la naturaleza. *Cfr.* Élisabeth Badinter, *La mujer y la madre...*, p. 147.

[119] Élisabeth Badinter, *La mujer y la madre...*, pp. 187-188.

[120] *Idem.*

[121] *Ibidem*, pp. 188-190.

4. Balance del capítulo

Élisabeth Badinter es una intelectual francesa cuya vida y pensamiento estuvieron atravesados por dos figuras significativas: su padre y su esposo. El padre la educó con un ideal de vida que se entrelazó a la perfección con los ideales ilustrados que ella abrazaría más adelante. El esposo fue determinante en su decisión de ser madre e integrar su carrera en la filosofía y las letras con la vida familiar. Adicionalmente, Badinter se formó en el contexto de la Francia posterior a la segunda Guerra Mundial. El mundo se estaba reconfigurando, surgieron nuevas corrientes de pensamiento y se dieron diversos cambios sociales. La intelectual francesa se vio particularmente influenciada por el pensamiento feminista y las luchas de mujeres de las décadas de los 60 y 70, cuya pugna principal era el dominio de la sexualidad. Éste se convirtió en un tema recurrente, además de sus investigaciones sobre el Siglo de las Luces. Conforme el tiempo fue avanzando y los movimientos y las teorías feministas fueron cambiando, Badinter consolidó su propia postura y se posicionó críticamente frente al *feminismo de la diferencia* difundido en la década de los 80.

El feminismo de Badinter está construido a partir de dos grandes influencias intelectuales: el pensamiento ilustrado del que heredó cuatro ideales: la laicidad, el racionalismo, la noción de libertad, la igualdad universal. En ellos, destacamos el influjo de las ideas de Condorcet y la figura significativa de Madame d'Épinay, así como el feminismo beauvoiriano, que le imprimió una visión culturalista y universalista de la sexualidad. La convergencia de estos elementos, junto a la experiencia vital de la pensadora, dieron forma a un feminismo que tiene su fundamento en la androginia y su horizonte en la consecución de las ambiciones, bien sean personales o femeninas.

En ese contexto, bajo esas influencias y con su postura feminista constituida, Badinter aborda el tema de la maternidad en el libro *La mujer y la madre...* Se trata de un enfrentamiento entre la mujer (que en el marco de una sociedad hedonista e individualista quiere perseguir sus ambiciones personales) y la madre (que renuncia a todo por alcanzar un ideal impulsado por el naturalismo y el nuevo feminismo). Ante este conflicto, la pensadora responde con la pregunta por la identidad femenina, pues si se asume que la tensión en el corazón de la mujer es resultado de los discursos ideológicos promotores de un modo particular de comprenderla, habrá que preguntarse por lo femenino para desmentir las imágenes ideológicas que empujan a las mujeres a vivir de manera insatisfactoria la maternidad o sus ambiciones personales. Siguiendo el enfoque culturalista de Beauvoir, la autora afirma que no existe algo propio o innato en la mujer, ni un instinto maternal ni el deseo universal de las mujeres de ser madres.[122] Por ello, hace una invitación a redefinir la identidad femenina en el marco de la androginia, tejiendo una línea entre libertad y redefinición identitaria.

---

[122] *Ibidem*, p. 61.

Capítulo II

Edith Stein y la cuestión de la especificidad femenina

Edith Stein es una pensadora del siglo xx cuyo trasegar vital estuvo dinamizado por la búsqueda de la verdad. La riqueza de su pensamiento viene dada por la manera en que la experiencia de ser amada por la Verdad iluminó sus inquietudes y su reflexión. Para comprender la visión de esta autora con respecto a la maternidad y la feminidad, debemos dar tres pasos. El primero, acercarnos a su vida. El segundo, aludir a las dos grandes fuentes intelectuales de las que bebió, Edmund Husserl y santo Tomás de Aquino, con el fin de identificar cómo ellas se integraron en la conformación de su pensamiento. El tercero, adentrarnos en el pensamiento antropológico de la autora con el fin de situar su pregunta por la mujer. Habiendo dado estos pasos, podremos, finalmente, abordar la cuestión de la relación entre maternidad y feminidad a partir de ocho conferencias sobre la mujer dictadas por la pensadora entre 1928 y 1933.

1. Edith Stein: una vida dinamizada por la verdad

Edith Stein nació en Breslau el 12 de octubre de 1891[1] en el seno de una familia judía, fue la menor de los once hijos[2] del matrimonio entre Auguste Courrant y Siegfried Stein, quien falleció antes de que Edith cumpliera dos años.[3] La muerte del padre transformó las dinámicas familiares. Lo esperado en ese tiempo era que la madre se olvidara del negocio de maderas de su esposo y se apoyara en la familia extensa para sostener a sus hijos. No obstante, Auguste sorprendió a sus familiares haciéndose cargo del negocio y de la familia.[4] Ante la ausencia del padre, brilló con fuerza la luz de una madre que fue capaz de sostener un hogar, no sólo en términos económicos, también en el ejercicio del arte materno de generar un profundo soporte existencial para sus hijos. Más adelante, Stein afirmará haber encontrado

---

[1] Sobre la fecha y el lugar de nacimiento podemos destacar, por una parte, que la fecha tiene un significado particular tanto para Stein como para su madre, pues coincidió con la fiesta judía de la reconciliación. Stein lo ve como el anuncio de su encuentro con la cruz de Cristo. Para la madre, Auguste Courant, este día marca el origen de un afecto especial que entrelaza el destino de madre e hija de un modo singular. *Cfr.* Edith Stein, "Autobiografía: Vida de una familia judía", en Julen Urkiza y Francisco Javier Sancho (eds.), *Obras completas I.* Escritos autobiográficos y Cartas, Burgos, Monte Carmelo, El Carmen, Espiritualidad, 2002, p. 203.
Por otro lado, para la época del nacimiento de la autora, Breslau formaba parte del imperio alemán, proclamado, en 1871, su emperador era inicialmente Guillermo I de Prusia y su canciller Otto von Bismark. En 1888, muere Guillermo I y llega el reinado de Guillermo II, quien destituye en 1890 a Von Bismark. Durante el gobierno de Guillermo II, el imperio alemán entra en una crisis económica mientras teje una relación cercana con el imperio austrohúngaro. *Cfr.* Cristina María Ruiz-Alberdi Fernández, *El pensamiento feminista de Edith Stein: sus conferencias sobre la mujer (Alemania 1930) y nuestras mujeres mayores (España 2006-2007)*, tesis doctoral, Universidad Complutense de Madrid, 2010, pp. 45-54.

[2] De estos once hijos, tres murieron a una corta edad, de modo que Edith sólo conoció a seis de sus hermanos.

[3] Como resultado, Edith tendrá un lugar especial en el corazón de su madre, ella ve a su hija menor como el último legado que le dejó su esposo. *Cfr.* Edith Stein, *op. cit.*, p. 204.

[4] Francisco Javier Sancho y Julen Urkiza, "Una personalidad impactante y su significado", en *Obras completas I.* Escritos autobiográficos y Cartas, Burgos, Monte Carmelo, El Carmen, Espiritualidad, 2002, p. 45.

en su madre la viva imagen de "la 'Mujer fuerte', la perfecta encarnación del ideal de la mujer del Antiguo Testamento".[5] La figura materna es el inicio de las inquietudes de Edith con respecto a la mujer.[6]

La familia Stein hunde sus raíces en el judaísmo. Sin embargo, "durante la infancia el contacto [de la pensadora alemana] con el Antiguo Testamento se ve bastante reducido al ambiente familiar y festivo, puesto que por ser niña no asiste ni a la sinagoga, ni recibe una formación catequética".[7] Mientras Edith vivía de un modo superficial la fe que le inculcó su madre, se desarrolló en ella un carácter introvertido y reflexivo. Su interior se convirtió en el espacio propicio para la pregunta por el sentido de la existencia humana.[8]

Durante la adolescencia, ante la imposibilidad de encontrar sentido en la fe judía, Stein tomó la decisión de abandonar la religión. El punto decisivo de este cambio fue la estancia en Hamburgo junto a su hermana Else, justo después de haber abandonado la escuela. Allí dejó de lado todo tipo de oración e intelectualmente sus cuestionamientos empezaron a girar en torno al problema de la existencia y el sentido de la vida.[9] También en este tiempo "comienza a identificarse con un humanismo práctico: 'estamos en el mundo para servir a la humanidad'",[10] una expresión que manifiesta el deseo de bien que, en adelante, marcará muchas de sus decisiones. Adicionalmente, éste fue un tiempo en el que Stein se encontró de cerca con

---

[5]   Francisco Javier Sancho, *La Biblia con ojos de mujer: Edith Stein y sus claves para escuchar la Palabra*, Burgos, Monte Carmelo, 2014, p. 14.

[6]   Cinta Espuny, "Rasgos definitorios de Edith Stein en su proceso de maduración personal", en Francisco Javier Sancho Fermín (dir.), *Edith Stein: Antropología y dignidad de la persona humana*, Ávila, Cites, 2009, p. 411.

[7]   Francisco Javier Sancho, *La Biblia con ojos de mujer*, p. 15.

[8]   Edith Stein, "Autobiografía: Vida de una familia judía", en *Obras completas I…*, p. 205 (en adelante, "Autobiografía…").

[9]   Francisco Javier Sancho y Julen Urkiza, "Una personalidad impactante y su significado", *op. cit.*, p. 47.

[10]   *Idem.*

las consecuencias de la situación de desigualdad social a la que se enfrentaba la mujer.[11]

Después de su estadía en Hamburgo, Edith retomó sus estudios en el instituto con miras a ingresar a la universidad. En esa época (1911), eran muy pocas las mujeres que accedían a ese nivel educativo, pues en Alemania el ingreso de las mujeres a la universidad se dio a partir de 1901.[12] En efecto, los primeros años de vida de Stein y su ingreso a la universidad coinciden con un tiempo de constante actividad de los movimientos de mujeres, que lucharon por el derecho al voto femenino, la participación en igualdad en la esfera pública y el acceso a la educación en todos sus niveles. Entre mediados del siglo xix y las dos primeras décadas del siglo xx, ésas fueron las principales preocupaciones de los movimientos feministas.[13]

El camino elegido por Stein era poco común para una mujer de su tiempo. Aun así, la pensadora pudo tomar esta opción gracias a la fuerte postura de su madre, quien la protegió de las críticas de la familia y la dejó en completa libertad para elegir su carrera.[14] Stein empezó cursando asignaturas de filología germánica, historia, filosofía y psicología en la Universidad de Breslau. En esta época universitaria, participó en la Asociación Prusiana en favor del voto de la mujer, "que estaba integrada en su mayoría por socialistas, debido a que postulaba la total igualdad política de derechos de la mujer".[15]

Desde décadas anteriores, hubo un aumento de la presencia femenina en las esferas productivas. Esto suscitó el debate sobre cómo compatibilizar trabajo asalariado y vida femenina en orden a gestar una adecuada relación entre esfera de producción económica y esfera de reproducción humana. La maternidad se empezó a

---

[11]   Un ejemplo de ello es el episodio que Stein narra en la autobiografía de su prima Leni, quien es destinada por decisión del consejo de familia a ser farmaceuta (Stein, 2002, p. 266).

[12]   Edith Stein, "Autobiografía…", *op. cit.*, p. 266.

[13]   Juan Sisino Pérez, *Historia del feminismo*, cap. 4.

[14]   Edith Stein, "Autobiografía…", *op. cit.*, p. 288.

[15]   *Ibidem*, p. 303.

comprender como un bien social, no individual, que debía ser salvaguardado a través de leyes de protección a la mujer gestante y trabajadora, lucha que tuvo una considerable acogida entre los sectores socialistas.[16]

Tras cuatro semestres de estudios en Breslau, Stein decide partir a Gotinga. Allí se encuentra en 1913 con Edmund Husserl,[17] filósofo que la pensadora había conocido a partir de la lectura de *Investigaciones lógicas*. Mientras en su ciudad natal le ofrecían estudiar a un hombre sin alma, conocido únicamente por sistemas cuantitativos,[18] en Gotinga se presentaba la oportunidad de encontrar la verdad sobre el ser humano. Edith obtuvo un puesto entre el círculo de estudiantes de Husserl y asistía a las reuniones de la Sociedad Filosófica.[19] Allí empezó a formar su pensamiento con rigurosa imparcialidad y

---

[16] Juan Sisino Pérez, *op. cit.*, cap. 5.

[17] Edmund Husserl (Prossnitz, 8.04.1859-Friburgo, 27.04.1928) fue un matemático y filósofo alemán, padre de la fenomenología. Fue alumno de Franz Brentano en la Universidad de Viena y profesor universitario en Halle, Gotinga y Friburgo. Las obras más representativas de su camino fenomenológico son los dos volúmenes de *Investigaciones lógicas* (1900-1901), *Ideas para una fenomenología pura y una filosofía fenomenológica* (1913), *Lógica formal y lógica trascendental* (1929) y las *Meditaciones cartesianas* (1931). El pensamiento de Husserl fue sumamente influyente en el siglo xx, no sólo en la filosofía, también tuvo repercusiones en campos de conocimiento como la psicología y la sociología.

[18] Ángel de les Gavarres, *Edith y Teresa, dos luces para el siglo xxi*, Barcelona, cpl Editorial, 2010, p. 21.

[19] En 1901, Edmund Husserl inicia su labor de profesor en la Universidad de Gotinga. En los años siguientes, jóvenes ávidos de conocimiento llegaron a dicha universidad deseosos de estudiar el método fenomenológico expuesto por el pensador en los dos volúmenes de *Investigaciones lógicas*, publicados entre 1900 y 1901. Así, en Gotinga se forma un círculo de estudiantes en torno a la fenomenología y sus posibilidades. El círculo de Gotinga se formó oficialmente en 1907, sus fundadores le llamaban la Sociedad Filosófica. Entre 1905 y 1911, participaron de las reuniones personajes como Adolf Reinach, Moritz Geiger, Dietrich von Hildebrand, Hedwig Conrad-Martius, Alexandre Koyré, Jean Hering, Román Ingarden, Fritz Kraufmann, Edith Stein y Max Scheler. El círculo se disolvió cuando Husserl se trasladó a la Universidad de Friburgo para ser profesor titular. Adicionalmente, una vez que el autor dio el paso hacia el idealismo trascendental, muchos de los miembros del círculo se separaron de la visión de su maestro.
Igualmente, es importante resaltar que, para algunos de los estudiantes del círculo, el interés por la fenomenología husserliana estuvo acompañado de la inquietud por el cristianismo. Entre ellos, podemos mencionar a Adolf Reinach, Dietrich von Hildebrand, Hedwig Conrad-Martius, Edith Stein y Max Scheler. *Cfr.* Alexander Kostov, "The Problem of Religious

"un abierto dinamismo [que] ponía en acción las inteligencias en busca de la verdad, al vislumbrar al ser como el objeto propio de la razón".[20] En este tiempo, "se configura en Edith una auténtica naturaleza filosófica".[21]

En Gotinga, Stein también se encontró con dos pensadores que la marcaron profundamente, Adolf Reinach[22] y Max Scheler.[23] En ellos, encontró el primer contacto hacia un mundo desconocido,[24] que la haría retomar más adelante las preguntas por Dios, la religión y la fe. Continuó en ese tiempo con los estudios de historia,[25] pues

---

Conversion: The Case of Phenomenological Movement in Germany", *Religion and Church in Russia and Worldwide*, vol. 35, núm. 4, 2017, pp. 255-275.

[20] *Ibidem*, p. 23.

[21] Francisco Javier Sancho y Julen Urkiza, "Una personalidad impactante y su significado", *op. cit.*, p. 49.

[22] Adolf Reinach (Maguncia, 23.12.1883-Dixmuda,16.11.1917) fue uno de los más notables alumnos de Edmund Husserl, que comprendió a profundidad las ideas expresadas por su maestro en *Investigaciones lógicas* y las supo exponer con mucha claridad. Reinach fue el primero de los alumnos de Husserl en ser profesor de filosofía en Gotinga, fue su mano derecha en la formación del Círculo de Gotinga al ser el mediador entre el maestro y los alumnos. Reinach fue el primero con el que Stein se entrevistó al llegar a Gotinga (Stein, 2002). Su muerte durante la primera Guerra Mundial fue decisiva para la conversión al cristianismo de Stein, quien impulsó la publicación póstuma de sus obras.
La esposa de Adolf, Ana, fue muy cercana a Edith. En 1916, los Reinach se hicieron evangélicos. Algunos años después de la muerte de su esposo, Ana se convirtió al catolicismo y se hizo oblata de la abadía de Beuron, ciudad a la que Edith iría con regularidad después de su conversión.

[23] Max Scheler (Múnich, 22.08.1874-Fráncfort,19.05.1928) fue un filósofo alemán, conocido por su singular e influyente apropiación del método fenomenológico. Stein se encontró con el pensador durante una serie de conferencias que dictó en las reuniones de la Sociedad Filosófica en torno a su libro *Fenomenología y teoría del sentimiento de la simpatía* (Stein, 2002). Pese a que Scheler fue uno de los grandes difusores de la fenomenología, en muchos aspectos, se separó de Husserl, lo que generó en ese tiempo tensiones al interior del círculo académico. Adicionalmente, para la época en que se llevaron estas conferencias, Scheler "se hallaba saturado de ideas católicas, haciendo propaganda de ellas con toda la brillantez de su espíritu y la fuerza de su palabra" (Stein, 2002, p. 366).

[24] *Idem.*

[25] Edith Stein asistía al curso del historiador Max Lehman sobre la época del Absolutismo y la Ilustración y a las lecciones semanales sobre Bismarck.

descubrió en ella "su responsabilidad social, y solidaridad con la humanidad dentro de la identidad de la propia nación".[26]

Igualmente, la joven intelectual tuvo que enfrentarse "con profesores que son enemigos declarados a que las mujeres estudien",[27] sin embargo, ella con su inteligencia haría que más de uno cambiara de opinión. El compromiso con la cuestión de la mujer la impulsó a dar clases a mujeres trabajadoras. La labor de formación femenina se convertiría paulatinamente en un aspecto importante en la vida de Edith y sería vivido de diferentes modos a lo largo de su existencia.

Ahora bien, el espíritu de arraigo y defensa nacional que la intelectual de Breslau desarrolló a partir de sus estudios de historia fue una nota distintiva del tiempo que se avecinaba. En 1914, estalla la primera Guerra Mundial. En el ámbito feminista, se dio un cese de actividades. Las mujeres dejaron la lucha por el derecho al voto a un lado para servir a su patria, bien fuera asumiendo tareas que antes realizaban los hombres o realizando labores propiamente femeninas, asociadas a la enfermería y a la ayuda a las familias de los soldados.[28] Edith Stein no fue la excepción. Se ofreció como voluntaria en la Cruz Roja, hizo el curso de enfermería y, mientras la llamaban al servicio, dirigió el consultorio de orientación profesional femenino para estudiantes, organizado por la Asociación Estudio y formación para la mujer.[29] En 1915, se incorporó al hospital de heridos infecciosos de Mährisch-Weisskirchen. Allí se destacó por su competencia y su ayuda incondicional.[30] Tras cinco meses de ardua labor, le fue otorgada la Medalla al Valor. De esta experiencia, Edith atesoraba en su corazón el haberse encontrado en carne propia con el dolor humano.

---

[26] Ángel de les Gavarres, *op. cit.*, p. 23.

[27] María del Pilar Vila Grieira, "Edith Stein, una mujer intelectual y santa", *op. cit.*, p. 2.

[28] Juan Sisino Pérez, *op. cit.*, cap. 5.

[29] María del Pilar Vila, *op. cit.*, p. 2.

[30] Ángel de les Gavarres, *op. cit.*, p. 25.

Al año siguiente, en 1916, Stein defendió su tesis doctoral *Sobre el problema de la empatía* en la Universidad de Friburgo. La realización de este trabajo fue un paso decisivo en la búsqueda por comprender el sentido de la existencia humana. "La empatía le demuestra, sin dejar lugar a dudas, que el hombre es un ser espiritual, trascendente, abierto, llamado a realizarse en lo más profundo de sí, pero sin dejar de confrontarse con el otro".[31]

Stein permaneció en Friburgo para ser la asistente de Husserl. Este trabajo no la satisfizo, pues Husserl no la trató como una colaboradora, sino como una secretaria.[32] Para ella, "fue una dura experiencia el no verse tomada en serio, como mujer independiente y como investigadora, por sus propios colegas y menos aún por el mismo Husserl".[33] Con respecto a la obtención de una cátedra universitaria, sucedió algo similar, pues, por ser mujer, le fue negada esa posibilidad.[34]

En 1918, Stein dejó su puesto como asistente de Husserl; en lo corrido de ese año, estuvo por diferentes temporadas en Gotinga, Friburgo y Breslau mientras avanzaba en nuevas investigaciones con miras a obtener la cátedra universitaria. Dos temas ocuparon a Stein en ese tiempo: Dios y la política. En noviembre de 1917, había muerto Adolf Reinach, acontecimiento que dejó inquieta a Stein sobre la pregunta por Dios.[35] Al año siguiente, mientras preparaba la publicación

---

[31] Francisco Javier Sancho y Julen Urkiza, "Una personalidad impactante y su significado", *op. cit.*, p. 52.

[32] Ángel de les Gavarres, *op. cit.*, p. 27.

[33] Waltraud Herbstrith, "Edith Stein: Vida, obra y mensaje", *Revista de Espiritualidad*, vol. 46, núm. 183, 1987, p. 277.

[34] A pesar de ello, Edith se presentará para una cátedra universitaria en cuatro ocasiones en diferentes ciudades de Alemania. Incluso presenta una interpelación al ministro de Cultura y Ciencia de Prusia. En ella, dice que la pertenencia al género femenino no debe ser impedimento para desarrollar una carrera científica, y pide la habilitación de las mujeres académicas. "El Ministro se muestra de acuerdo con los planteamientos de Edith Stein, y las universidades reciben un decreto en el que se recogen unas disposiciones más modernas al respecto" (Vila, 1998, p. 2).

[35] Reinach y su esposa eran judíos y habían recibido el bautismo cristiano un tiempo antes de la muerte de Adolf.

póstuma de las investigaciones de dicho pensador, se encontró con sus apuntes sobre filosofía de la religión. En junio de ese mismo año, sostuvo un encuentro con Husserl y Heidegger en torno al mismo tema. Además, se acercó a textos como *Ejercitación del cristianismo* de Kierkegaard, las *Confesiones* de san Agustín y los *Ejercicios espirituales* de san Ignacio de Loyola. Durante este tiempo, también escribió *Causalidad psíquica*, texto publicado en 1921, en donde expresa su experiencia de Dios:

> Existe un estado de reposo en Dios, de completa relajación de toda actividad espiritual, en el que no se hacen planes, no se adoptan resoluciones, y menos aún se actúa, sino que todo lo futuro se deposita en manos de la voluntad divina, uno "se abandona" por completo "al destino". Este estado se me concede, por ejemplo, cuando una vivencia que sobrepasa mis energías ha consumido por completo mi energía vital espiritual y me ha arrebatado toda actividad. El descansar en Dios, frente al fracaso de la actividad por carencia de energía vital, es algo completamente nuevo y singularísimo.[36]

Por su parte, en el ámbito político, éste fue un tiempo de convulsión e incertidumbre en Alemania. El imperio fue derrotado durante la guerra, cayó a finales de 1918 con la abdicación de Guillermo II. En enero de 1919, se reunió la Asamblea Constituyente que dio origen la República de Weimar. La preocupación y el interés por estos sucesos llevó a Stein, a finales de 1918, a formar parte del Partido Democrático Alemán y a desarrollar dos investigaciones sobre este tema: *Individuo y comunidad*, que escribió en 1919 en torno a la relación entre comunidad e individualidad, y *Una investigación sobre el Estado*, redactada entre 1920 y 1921 sobre la función del Estado y su lugar frente al individuo.

---

[36] Edith Stein, "Causalidad Psíquica", en Julen Urkiza y Francisco Javier Sancho (eds.), *Obras completas II. Etapa fenomenológica*, Burgos, Monte Carmelo, El Carmen, Espiritualidad, 2005, p. 298.

Con respecto a la situación social de las mujeres, es importante señalar que la guerra significó una transformación en la manera en que ellas se comprendían a sí mismas y la sociedad las comprendía a ellas. Durante la guerra, las mujeres habían ingresado masivamente a engrosar las filas de la producción industrial. Este cambio, que inicialmente se pensó como transitorio, tuvo varias repercusiones. Ciertos sectores productivos empezaron a preferir mujeres para algunos trabajos, los sindicatos incorporaron las demandas de la mujer trabajadora y se aumentaron los espacios de cuidado de los hijos en guarderías y por parte de terceros. Con ello, regresó de nuevo y con más fuerza el debate sobre el lugar natural de la mujer en la sociedad y su pertenencia a la esfera de la reproducción humana. Por otra parte, los cambios en la situación social de las mujeres se expresaron en la conquista del derecho al voto.[37] En Alemania, éste fue un derecho que llegó con la República de Weimar.

Entre 1920 y 1921, Edith entró en una búsqueda interior que la llevó a preguntarse si debía hacerse católica o protestante. En mayo de 1921, pasó un tiempo en casa de sus amigos, el matrimonio Conrad-Martius.[38] Allí leyó el *Libro de la vida* de santa Teresa de Jesús[39] y afirmó haber encontrado la verdad: "La respuesta del enigma de su propio ser es el Dios personalmente cercano".[40] Al año siguiente, la

---

[37] Juan Sisino Pérez, *op. cit.*, cap. 6.

[38] Hedwig Conrad-Martius (Berlín, 27.02.1888-Starnberg, 15.02.1966) y Hans Theodor Conrad (1881-1969) fueron dos filósofos, discípulos de Husserl que se casaron en 1912. Ambos fueron profesores de filosofía en Munich. Hedwig fue madrina de bautismo de Stein en 1922.

[39] Es importante resaltar que, en el momento decisivo de la conversión al cristianismo, Stein no se encontró con cualquier mujer. Teresa de Jesús (Ávila, 28.03.1515-Alba de Tormes, 15.10.1582) fue una mujer excepcional. Llevó adelante la reforma del Carmelo Descalzo en un tiempo de relajación espiritual al interior de la Iglesia católica, en el que no era común encontrar tal liderazgo femenino. Fundó diecisiete conventos en 20 años y se convirtió en la madre espiritual de los hombres y mujeres que se acercan al Carmelo Descalzo. Teresa de Jesús fue una mística de profunda e intensa vida espiritual. Evidencia de ello son obras como *El libro de la vida*, *Las moradas* y *Camino de perfección*. Su santidad fue reconocida en 1622 con su canonización. En 1970, su camino fue reconocido como vía de santidad para la Iglesia universal otorgándole el título de doctora de la Iglesia.

[40] Citado por De les Gavarres, *op. cit.*, p. 30.

pensadora recibió el bautismo en la Iglesia católica e inició un camino por medio del cual encontraría nuevas luces que le permitirían encontrar la unidad de los hilos que mueven su existencia en la persona de Jesucristo.

Entre 1923 y 1933, Edith se dedicó a descubrir el modo en que la fe cristiana se integraría de un modo transformante a su vida, su pensamiento y sus búsquedas. La acogida de la fe le implicó explorar otros horizontes intelectuales, principalmente el pensamiento de santo Tomás de Aquino.[41] Con él, descubre el modo de fundamentar desde la filosofía la experiencia que ella misma ha tenido de encontrar plenitud de sentido en Cristo. De la mano del Aquinate, ve que "es posible cultivar la ciencia como culto divino",[42] se plantea nuevos interrogantes y se apropia de los conceptos que le permitirán formar la mirada sobre la realidad y sobre el ser humano[43] que expone en *Acto y potencia*, *Estructura de la persona humana* y *Ser finito y ser eterno*.

---

[41] Entre 1925 y 1932, Stein se dedica a la traducción al alemán de las *Quaestiones disputatae de veritate* de santo Tomás de Aquino. Durante 1931 y 1932, Edith se dedica a esta labor por completo con el objetivo de obtener como fruto un trabajo de habilitación que le permita acceder a una cátedra universitaria. De allí, también se desprenden una serie de reflexiones en las que se pone en diálogo el pensamiento tomista con el método fenomenológico. Al respecto, se puede destacar *¿Qué es la filosofía? Un diálogo entre Edmund Husserl y Tomás de Aquino*.
Tomás de Aquino (Roccasecca, 1225-Abadía de Fossanova, 7.03.1274) es uno de los tesoros de la Iglesia católica que expresó con brillantez los frutos de una vida intelectual llevada en el marco de la oración, la caridad y el servicio. Este fraile de la Orden de Predicadores, hijo espiritual de santo Domingo de Guzmán, formado por destacados pensadores como Alejandro de Hales y san Alberto Magno, es uno de los más grandes pensadores cristianos. Con su teología y su filosofía ha contribuido a la profundización del misterio y al robustecimiento de la exposición de la fe a partir de un método que hunde sus raíces en la escolástica. Entre sus obras más destacadas, se encuentran la *Summa theologica* y la *Summa contra gentiles*. Fue canonizado en 1323 y proclamado doctor de la Iglesia en 1567.
Es importante destacar que, en 1879, León XII había promulgado la encíclica *Aeterni Patris* con la que invitó a la Iglesia a volver al estudio de santo Tomás de Aquino. Aun con la distancia temporal Edith es partícipe de este impulso dado a los estudios tomistas.

[42] Edith Stein, "Carta 172 a Calista Kopf, Espira, 12 de febrero de 1928", en Julen Urkiza y Francisco Javier Sancho (eds.), *Obras completas I. Escritos autobiográficos y Cartas*, Burgos, Monte Carmelo, El Carmen, Espiritualidad, 2002, p. 809.

[43] Waltraud Herbstrith, "Edith Stein: La fascinación de una gran mujer", *Revista de Espiritualidad*, vol. 50, núm. 200, 1991, pp. 443-454.

En ese periodo (1923-1933), Edith se dedicó también a la labor de formación femenina. Entre 1923 y 1931, fue maestra de literatura y de alemán en la Escuela de Magisterio de las Dominicas de Santa María Magdalena de Espira. En 1932, fue solicitada para ser profesora de pedagogía y antropología en el Instituto de Pedagogía Científica de Münster. Paralelamente, ahondó en la cuestión de la mujer y fue invitada por la Asociación de Maestras Católicas a dictar una serie de conferencias sobre el tema de la mujer y su significado en la sociedad.

Ese tiempo de mayor producción intelectual con respecto a la cuestión femenina estuvo marcado por el desarrollo de una serie de cambios sociales que ya se evidenciaban terminada la guerra. En el ámbito laboral, el trabajo en cadena y el reemplazo de la fuerza física por la máquina promovió el empleo femenino. Mientras labores como la costura se industrializaron, se abrieron nuevos campos en el sector de servicios, en empleos de asistencia social, enfermería, comercio y oficina de correos.[44] Por otra parte, la producción industrial de alimentos y el desarrollo de nuevas herramientas domésticas había disminuido el tiempo de dedicación al hogar, de modo que las mujeres tenían mayor disponibilidad para trabajos por horas, también gracias al aumento de jardines y guarderías.

En el ámbito de la familia, las condiciones matrimoniales se transformaron paulatinamente. El matrimonio dejó de verse como el único lugar para las relaciones sexuales, cada vez eran más las mujeres que iniciaban su vida sexual antes de casarse. A ello, se le suma la promoción de los discursos maltusianos de control de natalidad que influyeron en la lucha de los movimientos feministas en favor de los métodos anticonceptivos y el aborto. Con respecto a los hijos, las mujeres se veían en una encrucijada. Debido a los conocimientos médicos y de salubridad, las condiciones de cuidado y crianza de la primera infancia se volvieron cada vez más exigentes, mientras

---

[44] Anne-Marie Sohn, "Los roles sexuales en Francia y en Inglaterra: una transición suave", en Georges Duby y Michelle Perrot (eds.), *Historia de las mujeres en Occidente. El siglo xx.* vol. I. Nacionalismos y mujeres, Madrid, Taurus, 1993, pp. 109-137.

las mujeres se siguieran insertando en la vida laboral, sería más difícil cumplir con tales exigencias. Aquí ya se hacía evidente cómo las mujeres se verían avocadas a decidir entre la maternidad y la vida profesional.

Con respecto a todas estas cuestiones y en el marco de su labor formativa, Edith adoptará una postura muy particular: "Como estudiante y joven universitaria he sido feminista radical. Más tarde el asunto no me interesó lo más mínimo. Ahora busco, porque creo que ha de ser así, soluciones lo más objetivas posibles".[45] El cristianismo enriqueció su mirada de una manera singular.[46] La revelación plena en Cristo y la figura de su Santísima Madre le abrieron a Stein la puerta de entrada al misterio de lo femenino.[47] Con la luz de la fe, la pensadora descubrió que la cuestión de la mujer en la sociedad no se resolvería al acabar las desigualdades sociales. Para dar el lugar a la mujer en la sociedad, era necesario saber primero su lugar en el plan divino.

En 1933, debido al ascenso de Hitler al poder, Edith, por ser judía, fue privada de continuar en su labor de educadora. En ese momento, decidió abrazar la vida religiosa como carmelita descalza, deseo que se venía gestando en su corazón incluso desde su bautismo. Ingresó al Carmelo de Colonia el 14 de octubre de 1922 tomando el nombre religioso de Teresa Benedicta de la Cruz. Allí continuó con sus trabajos de investigación, tarea que se nutrió de su vida de oración y que armonizó con sus ocupaciones conventuales. En este periodo de madurez intelectual, escribió *Ser finito y ser eterno*, obra que sintetiza su pensamiento filosófico, y produjo una serie de escritos históricos, de espiritualidad y de mística a solicitud de su superiora.

---

[45] Edith Stein, "Carta 294 a Calista Kopf", en *Obras completas I. Escritos autobiográficos y Cartas*, Julen Urkiza y Francisco Javier Sancho (eds.), Burgos, Monte Carmelo, El Carmen, Espiritualidad, 2002, p. 938.

[46] José Raúl Ramírez Valencia, "La presencia materna en la vida de Edith Stein", *Revista Universidad Católica de Oriente*, vol. 32, núm. 47, 2021, p. 170.

[47] Francisco Javier Sancho Fermín y Julen Urkiza (eds.), "Edith Stein. Formadora integral de la persona" en *Obras completas IV. Escritos antropológicos y pedagógicos*, Burgos, Monte Carmelo, El Carmen, Espiritualidad, 2003, pp. 29-44.

Entre ellos, podemos destacar el comentario a *Las Moradas* de Teresa de Jesús, *Caminos de conocimiento de Dios* y *Ciencia de la Cruz*, un estudio sobre san Juan de la Cruz[48] con motivo de la conmemoración de los 400 años de su nacimiento. Esta última obra será considerada el culmen del desarrollo intelectual de Stein, no sólo en el ámbito de la teología mística, también de su antropología.[49]

Edith reconoció que el estudio sobre el santo la preparó para cargar con la cruz del martirio, el cual empezó con la persecución. En diciembre de 1938, Stein fue trasladada al Carmelo de Echt en Holanda debido a la persecución de los judíos en Alemania. En mayo de 1940, Holanda fue ocupada por las tropas de Hitler. En julio de 1942, en respuesta a una carta pastoral publicada por los obispos holandeses en contra del Partido Nazi, fue ordenada la deportación de todos los judíos católicos. En agosto de ese mismo año, la entrega llegará hasta el extremo; el segundo día de ese mes, Stein es llevada al campo de concentración de Amesfoort en Holanda; dos días después, al de Westerbork; y, finalmente, a Auschwitz-Birkenau, donde muere en una cámara de gas el 9 de agosto. La religiosa carmelita comprendió la muerte junto a su raza judía como un sacrificio de unión al Dios vivo y personal, culmen de su experiencia espiritual y encuentro con la verdad que tanto ansiaba. Así lo había expresado anticipadamente en el testamento que redactó en 1939 durante sus primeros ejercicios espirituales en el Carmelo de Echt:

> Desde ahora acepto con alegría y con perfecta sumisión a su santa voluntad, la muerte que Dios me ha reservado. Pido al Señor que

---

[48] San Juan de la Cruz (Fontiveros, 24.06.1542-Úbeda,14.12.1591) fue junto con Teresa de Jesús fundador del Carmelo Descalzo. Es conocido por su profunda experiencia espiritual consignada en composiciones poéticas. Juan de la Cruz es un padre de almas cuya vida interior estuvo radicalmente atravesada por el amor a la cruz de Cristo. Este amor lo compartirá también Stein, él fue su maestro en el arte de la purificación interior hacia el encuentro con Dios. El santo fue canonizado en 1726 y proclamado doctor de la Iglesia en 1926.

[49] Edith Stein, "Ciencia de la Cruz", en Julen Urkiza y Francisco Javier Sancho (eds.), *Obras completas V. Escritos espirituales*, Burgos, Monte Carmelo, El Carmen, Espiritualidad, 2004, pp. 183-477.

se digne aceptar mi vida y mi muerte para su honor y su gloria; por todas las intenciones de los Sagrados Corazones de Jesús y de María y por la Santa Iglesia, de modo especial por el mantenimiento, santificación y perfección de nuestra Santa Orden, particularmente los Carmelos de Colonia y Echt, en expiación por la incredulidad del pueblo judío y para que el Señor sea acogido por los suyos y venga su Reino en la gloria; por la salvación de Alemania y la paz en el mundo; finalmente, por mis familiares, vivos y difuntos, y por todos los que Dios me ha dado: que ninguno de ellos se pierda.[50]

En definitiva, Edith Stein es una mujer que reúne las grandes búsquedas de nuestro tiempo. La pregunta por el sentido de la existencia humana la llevó a recorrer los caminos de la historia, la psicología, la literatura y principalmente la filosofía para descubrir, en medio de los vaivenes de su propia existencia, que sólo en Dios es posible conocer la verdad sobre el ser humano. El encuentro cara a cara con Jesucristo la llevó a encontrarse consigo misma para reconocerse a la luz de la fe, como resultado su pensamiento sobre la persona humana y sobre la mujer tomó nuevas direcciones. La orientación de su vida entera se vio transformada hasta el punto de hallar la plenitud de su deseo de hacer el bien a la humanidad en la entrega de su vida a Cristo.

2. Fenomenología y tomismo: la búsqueda de integración en la filosofía steiniana

A la hora de presentar el itinerario intelectual de Edith Stein, se tiende a hacer una separación de su pensamiento antes y después de su

---

[50] Edith Stein, "Testamento", en Julen Urkiza y Francisco Javier Sancho (eds.), *Obras completas I. Escritos autobiográficos y Cartas*, Burgos, Monte Carmelo, El Carmen, Espiritualidad, 2002, pp. 515-516.

conversión al cristianismo.[51] Si bien, el encuentro con Cristo constituye un punto de inflexión en la vida de esta autora, la radical transformación que la fe significó para ella no implicó desechar el pensamiento que había cultivado con anterioridad. Dado que Stein tiene puesta su mirada en "las cosas, los problemas, no las filosofías",[52] se esfuerza por integrar en su método filosófico todo aquello que contribuye a su búsqueda de la verdad; éste es el hilo conductor que le da continuidad y unidad al recorrido intelectual de la autora. A continuación, estudiaremos brevemente el modo en que esta pensadora armonizó los diversos elementos que encontró en su camino hacia la verdad, proveídos por dos grandes maestros, Edmund Husserl y santo Tomás de Aquino.

Edith Stein se encontró con el pensamiento de Edmund Husserl en 1912 durante sus estudios de psicología en la Universidad de Breslau. La autora subraya la novedad de las ideas de Husserl de la siguiente manera: "Se consideraba la obra como una 'nueva escolástica', debido a que, apartándose la mirada filosófica del sujeto, se dirigía ahora al objeto: el conocimiento parecía ser de nuevo un recibir, que obtiene su norma de las cosas, y no —como en el criticismo— un determinar, que impone su norma a las cosas".[53]

Queda en evidencia un primer aspecto que llamó la atención de Stein. En las *Investigaciones lógicas*, "Husserl elaborará en toda su pureza la idea de la verdad absoluta y el conocimiento objetivo correspondiente a ella".[54] Esto implica dejar de lado los relativismos y afirmar que el ser humano no crea la verdad, la encuentra. El modo de encontrar la verdad propuesto por Husserl está marcado por dos

---

[51] Mariano Crespo, "Aspectos fundamentales del método de Edith Stein", conferencia, Pontificia Universidad Católica de Chile, *Teología y vida*, vol. 51, núms. 1-2, 7 de mayo de 2010, pp. 59-78.

[52] Mariano Crespo, *op. cit.*, p. 62.

[53] Edith Stein, "Autobiografía", *op. cit.*, p. 355.

[54] Edith Stein, "¿Qué es fenomenología?" en Julen Urkiza y Francisco Javier Sancho (eds.), *Obras completas III. Escritos filosóficos*, Burgos, Monte Carmelo, El Carmen, Espiritualidad, 2007, p. 154.

principios: la vuelta al objeto y la investigación de las esencias.[55] La fenomenología toma los datos de la experiencia no para quedarse en un fenómeno singular, sino para penetrar su esencia,[56] comprendida como "el núcleo del ser que se muestra a la conciencia".[57] La manera en que se llega de las cosas al conocimiento de las esencias es el método intuitivo. La intuición es una percepción espiritual, "medio de conocimiento de las verdades ideales",[58] que permite llegar a "lo que la cosa es por esencia, y esto puede tener a su vez un doble significado: lo que la cosa es por su *ser propio* y lo que es por su *esencia universal*".[59]

Mientras estuvo con Husserl, Stein constituyó la base sólida de su pensamiento y formó "su modo de acercarse a la realidad con un talante fenomenológico-objetivo".[60] La autora "profesa a estas alturas de su pensamiento filosófico el realismo gnoseológico [...] fundado en la plenitud de la consideración de la esencia".[61] Sin embargo, la discípula tendrá que separarse de su maestro debido a que él dará un giro en su pensamiento que ella no puede aceptar. En *Ideas para una fenomenología pura y una filosofía fenomenológica*, Husserl comenzará a tornarse hacia lo que él llamará el *idealismo trascendental*.[62] El punto de separación está en que el filósofo, a partir de su postura sobre la constitución del mundo para la conciencia, presenta al ser objetual absorbido por el ser dado para la conciencia.[63] En otras palabras,

---

[55] Hans Rainer Sepp, "La postura de Edith Stein dentro del movimiento fenomenológico", *Anuario filosófico*, vol. 31, núm. 3, Navarra, 1998, pp. 709-729.

[56] Mariano Crespo, *op. cit.*, p. 63.

[57] Fernando Haya, "El marco fenomenológico y el realismo metafísico en el pensamiento de Edith Stein", *Anuario Filosófico*, vol. 31, núm. 3, 1998, p. 819.

[58] Edith Stein, "¿Qué es fenomenología?", *op. cit.*, p. 155.

[59] Edith Stein, "Estructura de la persona humana", en Julen Urkiza y Francisco Javier Sancho (eds.), *Obras completas IV. Escritos antropológicos y pedagógicos*, Burgos, Monte Carmelo, El Carmen, Espiritualidad, 2003, p. 591 (en adelante, se cita como "Estructura").

[60] Francisco J. Sancho y Julen Urkiza, "Una personalidad impactante y su significado", *op. cit.*, p. 49.

[61] Fernando Haya, *op. cit.*, p. 824.

[62] Edith Stein, "Autobiografía", *op. cit.*, p. 355.

[63] Hans Rainer Sepp, *op. cit.*, p. 724.

el fenomenólogo da los pasos para afirmar "la dependencia del mundo con respecto a una conciencia cognoscitiva".[64] Esto significa una renuncia a la vuelta al objeto, por tanto, a una ontología como investigación de la estructura esencial del mundo objetual, para quedarse únicamente con el estudio de la conciencia.

Por su parte, Stein quiere "realizar una investigación de la constitución que interrogue al hecho de conciencia de los estados de cosas sin que se disuelva por ello el ser mismo de estos estados de cosas en hechos de conciencia".[65] En una carta que le escribe a su amigo Roman Ingarden, la pensadora lo explica así:

> De repente en mí se ha producido un cambio, a raíz del cual creo saber poco más o menos qué es constitución, pero en ruptura con el idealismo. Para que pueda constituirse una naturaleza expresiva, me parece indispensable contar, por una parte, con la existencia de una naturaleza física y, por otra, con una subjetividad de determinada estructura.[66]

Esto requiere aceptar que "los esquemas y categorías que estructuran la realidad tienen su correlativo en la conciencia",[67] afirmación con la que Husserl no puede estar de acuerdo. Él se mantiene en el idealismo, mientras Stein se decanta por una postura realista. Para ella, el idealismo es una convicción de carácter personal y metafísico que no se desprende necesariamente de la investigación fenomenológica, antes bien, considera que el método fenomenológico puede ser medio para una filosofía objetiva y de carácter fundamental

---

64 Edith Stein, "¿Qué es fenomenología?", *op. cit.*, p. 156.

65 Hans Rainer Sepp, *op. cit.*, p. 727.

66 Edith Stein, "Carta 10 a Roman Ingarden, Friburgo, 3 de febrero de 1917", en Julen Urkiza y Francisco Javier Sancho (eds.), *Obras completas I. Escritos autobiográficos y Cartas*, Burgos, Monte Carmelo, El Carmen, Espiritualidad, 2002, p. 566.

67 Christophe Betschart, "L'homme spirituel et la Création", *Carmel*, núm. 117, 2005, p. 47. Traducción propia.

realista.[68] Algunos autores consideran que esta perspectiva significó para Stein una "superación teórica de su ateísmo ante la consideración filosófica de la necesidad de la metafísica".[69]

En efecto, esa intuición de la pensadora a la hora de separarse de su maestro viene a ser confirmada en su encuentro con Cristo. Si bien, desde la perspectiva fenomenológica realista asumida por Stein, se puede afirmar que la verdad plena existe y se puede conocer objetivamente, la mirada cambia cuando se descubre en Cristo que la verdad es una persona: el Dios personal cristiano es el fundamento de todo cuanto existe, él es el ser absoluto y la persona absoluta.[70] La conciencia sobre la presencia del Dios vivo y personal invita a la pensadora a cuestionar tanto el ejercicio filosófico como el contenido de su pensamiento. "Ella reivindica su quehacer filosófico desde la experiencia de la fe, la que explica con la metáfora del trasluz, todo se entiende mejor, deja de ser oscuro, se vuelve nítido y se pasa a otro nivel de comprensión que involucra sentir, la experiencia del fundamento último".[71]

De la mano de santo Tomás de Aquino, la autora emprende ese camino de recomprensión y reapropiación del quehacer filosófico. El Aquinate es la segunda gran influencia que la autora recibió, el encuentro con él marca un hito de transformación en el pensamiento de la filósofa alemana. "Su mirada de fenomenóloga se va tornando cada vez más contemplativa [...] descubre la filosofía originaria, aquella que tiene su punto de partida en el asombro que se convierte en pregunta, una filosofía con talante místico y no meramente especulativo".[72]

---

68   Edith Stein, "¿Qué es fenomenología?", *op. cit.*, p. 156.

69   Gwendolyn Araya Gómez, "Ahora que soy creyente, debo reflexionar. Razón y fe en el itinerario de conversión de Edith Stein", *Cuestiones de fe y razón en Edith Stein. Anales de la Facultad de Teología*, vol. 65, núm. 104, Pontificia Universidad Católica de Chile, 2014, p. 122.

70   Cristophe Betschart, *op. cit.*, pp. 47-49.

71   Gwendolyn Araya, *op. cit.*, p. 118.

72   *Ibidem*, p. 121.

La regla que ella misma se había impuesto de obedecer a las cosas la "lleva a un cambiante cotejo de distintos pensadores".[73] No se queda con un sistema cerrado ni se compromete con el proyecto de un único autor, su fidelidad a la verdad la lleva a "examinar todo y conservar lo mejor".[74] Así camina hacia la construcción de su modo inédito de comunicar la realidad contemplada. De allí que en los años siguientes su empeño se centre en "introducir la filosofía moderna dentro del cristianismo, tratando de armonizar, lingüística y metodológicamente, la fenomenología con el tomismo".[75] Ésa es la tarea que la autora se propone en su traducción de las *Quaestiones disputatae de veritate* de santo Tomás y en escritos como *La fenomenología de Husserl y la filosofía de santo Tomás de Aquino. Ensayo de una confrontación* (1929), *Acto y potencia* (1931), y *Ser finito y ser eterno* (1936).[76]

El camino de armonización le implicó a Stein acercarse, en primer lugar, a la cuestión epistemológica de los límites de la razón. La autora se encontró con un "lenguaje diverso entre la filosofía medieval y la moderna pero más directamente en el modo diverso de comprender la relación saber-creer, y filosofía-teología".[77] En efecto, para Husserl y el pensamiento moderno, el único camino de conocimiento admisible es el de la razón humana. Mientras que, para Tomás de Aquino y los medievales, el conocimiento divino es el único que puede abarcar la verdad en plenitud[78] y el hombre puede acceder a él solamente por medio de la Revelación.

---

[73] Hanna-Barbara Gerl-Falkovitz, "El impulso cristiano en orden a una filosofía abierta al ser. El caso de Edith Stein", *Revista de Teología Española*, vol. 60, núms. 1-4, Universidad Técnica Dresde, 2000, p. 257.

[74] Edith Stein utiliza la expresión, aclarando en una nota al pie que hace referencia a 1 Ts. 5,21 (Stein, 2007, p. 639).

[75] Francisco J. Sancho, "Filosofía y vida", *op. cit.*, p. 680.

[76] Es enriquecedor acercarse a la perspectiva de Gerl-Falkovitz en "El impulso cristiano", quien analiza cómo estos trabajos investigativos se convierten en cuatro pasos a través de los cuales Stein penetra en el pensamiento del Aquinate.

[77] Francisco J. Sancho, "Filosofía y vida", *op. cit.*, p. 684.

[78] Mariano Crespo, *op. cit.*, p. 65.

En esta cuestión, Stein apela a la humildad de la razón. Es necesario admitir que ésta es incapaz de comprender la realidad en sus fundamentos;[79] la empresa que ella se propone de conocer la verdad por sus propios medios no le es alcanzable. El acto supremo de la razón consiste en aceptar sus propias limitaciones para fiarse del conocimiento superior de la fe.[80] Así, en tanto que la razón natural no basta para conocer la verdad, se hace necesaria la relación entre el saber y el creer, "la acción conjunta de la razón natural y la razón sobrenatural".[81]

Esta postura epistemológica tiene, a su vez, implicaciones metafísicas. En una carta escrita a su amiga Hedwig Conrad-Martius, Stein afirma: "Yo tengo otra idea de la metafísica: como comprensión de toda la realidad incluyendo la verdad revelada, por tanto, fundada en la filosofía y en la teología".[82] En *Estructura de la persona humana*, la autora ahonda en esta idea, presenta a la filosofía y a la teología como aquéllas que levantan el edificio de la metafísica, cada una, recorriendo su camino, llega al punto de encuentro en que descubre su complementariedad con la otra.[83]

En este sentido, la visión metafísica de Stein pasa por comprender el carácter diferenciado de ambas ciencias: "El objeto de la teología es Dios, y cuando estudia el mundo lo hace sólo en tanto el modo de ser propio de Dios, como creador y redentor, hace necesario incluir en la exposición el origen de las cosas y su vuelta a Él. El objeto de la filosofía es el mundo creado, y cuando estudia a Dios lo hace sólo en tanto que detecta que las criaturas remiten a Él".[84]

---

[79] Cristophe Betschart, *op. cit.*, p. 50.

[80] *Idem.*

[81] Edith Stein, "¿Qué es filosofía? Un diálogo entre Edmund Husserl y Tomás de Aquino", en Julen Urkiza y Francisco Javier Sancho (eds.), *Obras completas III. Escritos filosóficos*, Burgos, Monte Carmelo, El Carmen, Espiritualidad, 2007, p. 173.

[82] Edith Stein, "Carta 332 a Hedwig Conrad-Martius, Münster, 13 de noviembre de 1932", en Julen Urkiza y Francisco Javier Sancho (eds.), *Obras completas I. Escritos autobiográficos y Cartas*, Burgos, Monte Carmelo, El Carmen, Espiritualidad, 2002, p. 992.

[83] Edith Stein, "Estructura", *op. cit.*, pp. 741-745.

[84] *Ibidem*, p. 589.

En la salvaguarda de esta diferencia, se comprende que parte de la relación entre filosofía y teología consiste en que la primera necesita de las verdades expuestas por la segunda "como criterio que le permite someter a crítica sus propios resultados: dado que sólo existe una verdad no puede ser verdadero nada que contradiga la verdad revelada".[85] La primacía de las verdades de fe es lógica,[86] habiendo encontrado la verdad en Dios, lo más razonable es fundamentar todo el ejercicio de la razón en Él.

Tal postura expresa una separación del pensamiento moderno. Éste, al prescindir de la fe, tiene como primer cometido la búsqueda de un punto de partida para su filosofía, lo que lo ha llevado a centrarse en el problema del conocimiento y el sujeto que conoce.[87] Los modernos cambiaron la ontología por la metafísica, olvidándose del ser.[88] Por su parte, Stein asume una visión filosófica cuyo presupuesto de partida es la verdad conocida por medio de la fe y, en esta medida, su primera preocupación es la pregunta por el ser.[89] Así, en línea con la tradición medieval y, particularmente, con base en elementos fundamentales del pensamiento de santo Tomás de Aquino, Stein define el fundamento de su filosofía.[90]

Una vez fijados tales presupuestos, la siguiente cuestión a tratar es el método a emplear. En este aspecto, la pensadora se mantiene fiel a su herencia fenomenológica. Stein es enfática en mantener

---

[85] *Idem.*

[86] Gwendolyn Araya, *op. cit.*, p. 118.

[87] Edith Stein, "¿Qué es la filosofía?", *op. cit.*, pp. 172-173.

[88] Walter Redmond, "Edith Stein y la filosofía católica", *Cuestiones de fe y razón en Edith Stein. Anales de la Facultad de Teología*, vol. 55, núm. 104, 2014, p. 296.

[89] Edith Stein, "Ser finito y ser eterno", en Julen Urkiza y Francisco Javier Sancho (eds.), *Obras completas III. Escritos filosóficos*, Burgos, Monte Carmelo, El Carmen, Espiritualidad, 2007, p. 614.

[90] Al respecto, Walter Redmond afirma: "Lo que Stein tomó de santo Tomás fue su *propio* punto de partida, de ella misma. Su propio pensamiento arrancó 'a partir de ciertos conceptos fundamentales de Tomás sin pretender dar cuenta completa de su sistema ni tomar una postura definida en torno a él'" (Redmond, 2014, p. 300). En efecto, la autora llega a asegurar que no puede asumir por completo el pensamiento del Aquinate, pues hay puntos en los que no concuerda con él (Stein, 2003, p. 590).

dos elementos esenciales del método tal como fueron enseñados por Husserl en el tomo II de *Investigaciones lógicas*: prevalece la obediencia a las cosas, en tanto que ellas dictan el modo de llegar a su esencia, y la intuición espiritual como medio para llegar a las esencias.[91]

Sin embargo, la opción metodológica de Stein no termina allí. Ella se acerca a otros autores[92] para reflexionar las cuestiones por las que se siente atraída: "Comenzar con un enigma y sentir la necesidad interior de resolverlo; entonces pensar y pensar-con otros para hallar la solución".[93] El método de Stein es suprahistórico, ella piensa junto a los antiguos maestros y los filósofos de su tiempo[94] para abrirse paso hacia una novedosa y creativa solución para las cuestiones que se plantea. La manera de andar en la investigación filosófica habla de la búsqueda de la autora: la verdad suprahistórica. Ésta la lleva a examinar las cosas directamente y a entender cómo otros han pensado en ellas a través de lo que ella misma puede idear.[95] Es un ejercicio de escucha, diálogo y complementación recíproca en el que se camina hacia la verdad suprahistórica,[96] la búsqueda propia de la filosofía.

El resultado del camino de armonización steiniano es la originalidad de un sistema filosófico[97] que logra integrar distintos pensamientos,

---

[91] En el marco del camino de armonización, la opción por la intuición de las esencias fue un tema polémico entre los tomistas. María Esther Gómez en "Edith Stein y la filosofía cristiana. El intento de fusión de Edith Stein: Tomás de Aquino y la Fenomenología" presenta cómo la solución vislumbrada por Stein "se concreta en una ampliación del concepto de intuición haciéndola equiparable a la noción clásica de la captación o visión (*intus legere*) de los primeros principios del ser" (Gómez, 2014, pp. 318-319).

[92] Entre sus principales interlocutores encontramos, además de Husserl y Aquino, a san Agustín de Hipona, Juan Duns Escoto, santa Teresa de Jesús, san Juan de la Cruz, Martin Heidegger, Hedwing Conrad-Martius, Erich Pryzwara, Roman Ingarden.

[93] Walter Redmond, *op. cit.*, p. 301.

[94] *Ibidem*, p. 289.

[95] *Ibidem*, p. 300.

[96] Pamela Chávez Aguilar, "Cuestiones en torno a la recepción de san Agustín por Edith Stein", *Cuestiones de fe y razón en Edith Stein. Anales de la Facultad de Teología*, vol. 55, núm. 104, 2014, p. 128.

[97] En la carta del 9 de marzo de 1932 dirigida a Roman Ingarden, Stein menciona su *sistema de filosofía*. Cfr. Edith Stein, *Obras completas I. Escritos autobiográficos y Cartas*, p. 960.

no a modo de una "mera yuxtaposición sino una mutua asimilación de los elementos de verdad presentes".[98] La autora presenta una filosofía de carácter realista, cuyo fundamento se encuentra en Dios; quien, siendo la verdad misma, invita al hombre al ejercicio racional bajo la colaboración del saber y el creer. También es una filosofía objetiva, cuyo horizonte se centra en captar la verdad esencial manifestada en las cosas a través de la intuición espiritual. El interés por los fenómenos es alimentado por la búsqueda de la verdad suprahistórica, que hace de ésta una filosofía dialógica, orientada al encuentro con aquéllos que, en otros tiempos, han buscado la verdad. Se trata de un tejido hecho cuidadosamente en el que la combinación de los hilos da a luz una obra inédita, que en el caso de Stein es producto "de una experiencia interior compleja, no sólo de un examen intelectual".[99]

3. De la cuestión del ser a la cuestión del hombre

Bajo los presupuestos epistemológicos y metafísicos asumidos por Stein, la siguiente cuestión a tratar es la ontológica. En este apartado, hacemos una breve alusión a la manera en que la autora aborda la pregunta ontológica en *Acto y potencia. Estudio sobre una filosofía del ser* y cómo aquélla la lleva al estudio del ser humano. Posteriormente, con base en *Estructura de la persona humana*, presentamos las principales categorías a partir de las cuales la pensadora elabora su antropología.[100]

---

[98] María Esther Gómez, *op. cit.*, p. 315.

[99] *Ibidem*, p. 315.

[100] La selección de los textos, *Acto y potencia* y *Estructura de la persona humana*, responde a la proximidad temporal con las conferencias sobre la mujer que serán abordadas en el siguiente apartado. Si bien, a la luz de textos posteriores como *Ser finito y ser eterno* y *Ciencia de la Cruz*, es posible encontrar claves para ahondar en el pensamiento steiniano sobre

El modo en que Stein se acerca a la pregunta por el ser está marcado por dos binomios tomados de la tradición aristotélico-tomista: acto y potencia y materia y forma. La autora estudió el tema mientras traducía las *Quaestiones disputatae de veritate* de santo Tomás de Aquino y lo expuso inicialmente en *Acto y potencia*. Allí afirma que actualidad y potencialidad son modos de ser. Actualidad pura es el modo de ser divino, potencialidad pura es lo propio de la materia prima informe. Entre Dios y la materia prima, existen mezclas distintas graduadas de actualidad y potencialidad que marcan los modos de ser criatural.

La materia debe ser comprendida en dos sentidos: como realidad físicamente material sujeta al espacio y al tiempo, materia material, y como contenido no material que le da llenura a las formas, materia inmaterial. Ésta última se halla presente en todos los seres, mientras que la primera no. Si bien, existen seres materiales, también los hay con una mezcla entre materia y espíritu, o puramente espirituales. Aquí nos encontramos con una gradación que tiene su culmen en el espíritu puro, en acto puro, infinito, que es Dios. Después, están los espíritus creados que existen en diferente conexión con lo no espiritual, a saber, los ángeles y los seres humanos.

Lo característico de los seres espirituales, que los distingue de los seres materiales, es la vida espiritual —el estar en movimiento desde el interior— cuyos signos especiales son la intencionalidad, la inteligibilidad y la personalidad. La intencionalidad hace referencia al estar dirigido hacia un objeto, abarca las intenciones que motivan la vida espiritual e ingresan en el mundo espiritual para construirlo. La inteligibilidad significa una peculiaridad del espíritu de ser transparente, manifiesto e inteligible a sí; y abierto, es decir, vuelto hacia

---

la mujer (como lo muestra la profesora Anneliese Meis, *cfr.* Anneliese Meis, "Edith Stein y Tomás de Aquino: repercusión sobre la cuestión de la mujer", *Teología y Vida*, vol. 51, núms. 1-2, Pontificia Universidad Católica de Chile, 2010, pp. 9-37. En esta ocasión, hemos optado por mantenernos con la visión que nos ofrecen las obras que soportaron y acompañaron las conferencias sobre la mujer en el momento en que fueron pronunciadas.

el otro para ser comprendido. La inteligencia es la primera potencia del espíritu, que se encuentra profundamente relacionada con la voluntad, segunda potencia del espíritu. Ésta señala el carácter determinable, la libertad del ser espiritual. Por último, la personalidad se refiere al ser una sustancia individual, un ser para sí, autónomo, un yo personal.

El paso de la materia de la potencia al acto está dado por un principio formal que le da una determinación, una cualificación que indica lo que desde fuera puede suceder con ella y la lleva a la concreción. Esto nos lleva a una escala de gradación que va de lo universal a lo particular. El objeto en general corresponde al grado más elevado de universalidad. Luego tenemos cuatro formas:

1. El género, que es "una consistencia que remite a una unidad del origen y al círculo de individuos que toman parte en esta consistencia".[101]
2. La especie, que es lo que está dentro del género, es la diferenciación de una consistencia general.[102]
3. El tipo, referido a los "grupos que se encuentran unidos interiormente según rasgos típicamente comunes, y separados de los demás mediante rasgos típicamente distintos".[103]
4. El individuo, el singular único que constituye el grado más bajo de particularidad. Cada una de estas formas llena de contenido especifica el ser hasta que llega al máximo de concreción. Esta relación entre el contenido universal y el particular es designada por Stein como diferenciación o especificación.

---

[101] Edith Stein, "Acto y potencia", en Julen Urkiza y Francisco Javier Sancho (eds.), *Obras completas III. Escritos filosóficos*, Burgos, Monte Carmelo, El Carmen, Espiritualidad, 2007, p. 514 (en adelante, será citado como "Acto y potencia").

[102] Edith Stein, "Acto y potencia", *op. cit.*, p. 514.

[103] Edith Stein, "Problemas de la formación de la mujer", *op. cit.*, p. 485.

De esta manera, acto y potencia y materia y forma se convierten en las cuatro coordenadas a partir de las cuales podemos conocer los seres, en donde el ser en sí mismo es actualidad de espíritu puro, y los demás seres presentan distintas mezclas de actualidad y potencialidad en una materia formada hacia la individuación. En este punto, la autora da el paso de ontología a antropología, pues "si se justifica concebir la relación de alma y cuerpo como una relación forma y materia, o acto y potencia, entonces la investigación de la naturaleza humana tiene que darnos también más pistas sobre acto y potencia".[104] El hombre es un ser tal que reúne características de los demás seres existentes, es, como Stein lo llama uniéndose a la tradición antigua y medieval: "Un microcosmos en el que se unen todos esos estadios: es cosa material, ser vivo, ser animado, persona espiritual",[105] en cuya unidad se da también la relación acto y potencia.

En efecto, "en su calidad de primera substancia, el individuo humano es una realidad compuesta de un principio potencial (la materia) y un principio actual (la forma)".[106] El alma es la sustancia espiritual inferior en el reino del espíritu que se toca con la sustancia material más elevada, el cuerpo humano.[107] Alma y cuerpo se vinculan entre sí "a la manera de una unión estable, llamada unión substancial de materia y forma, que constituye un único ente a partir de esos dos coprincipios".[108] Cuerpo y alma, materia y forma no son realidades yuxtapuestas; el hombre es una unidad compuesta de ambos principios. El cuerpo está penetrado por el alma y el alma es espíritu materializado y organizado.[109]

---

[104] Edith Stein, "Acto y potencia", *op. cit.*, p. 400.

[105] Edith Stein, "Estructura", *op. cit.*, p. 592.

[106] Lucero González, "La presencia de Dios en el Castillo Interior. En torno a la complementariedad de la antropología mística de santa Teresa de Jesús y la antropología fenomenológica de Edith Stein", *Valenciana*, núm. 21, 2018, p. 133.

[107] Edith Stein, "Acto y potencia", *op. cit.*, p. 401.

[108] Carlos Taubenschlag, "La noción de alma que propone Edith Stein en *Estructura de la persona humana*", *Revista Teología*, vol. 52, núm. 116, 2014, pp. 135-155.

[109] Edith Stein, "Estructura", *op. cit.*, pp. 681-682.

En ese sentido, el alma es "la viva forma interna que da vida".[110] El alma misma es actual y activa. Ella comunica la existencia al principio material. Su actividad consiste en formar y configurar al todo al que ella pertenece llevando lo potencial a la actualidad según el principio aristotélico-tomista *anima forma corporis*.[111] El alma es la viva forma interna que es fuente de vida para el ser humano en su unidad. Ella es principio formativo del cuerpo, objeto de formación del orden anímico.

En el alma humana, acontece la pluralidad de formas que, en distintos niveles o estratos, estructuran a la persona humana:[112] las formas llenas de contenido de las cuales unas son las bases de la vida animal; otras, de la especificidad; otras, de la individualidad; otras, el fundamento de la vida espiritual.[113] Esto no implica entender el alma como un compuesto o aglutinación de las diferentes formas que especifican e individualizan al ser, sino como el eje articulador de todas las realidades que constituyen a la persona humana. El alma espiritual es central para la unidad de la persona humana. Ella da a todo el conjunto de la persona el carácter personal e individual, y hace que todos los diferentes estratos de la estructura estén penetrados de ese carácter.[114] En palabras de Stein: "El alma humana, con su estructura personal y su cualificación individual, se nos ha revelado como la forma de todo el individuo corporal y anímico. Suelo denominarla también el 'núcleo de la persona', porque el todo al que damos nombre de 'persona humana' tiene en ella el centro de su ser".[115]

Así, en el alma humana acontecen las formas de particularización del género, la especie y el individuo, en donde destacamos la especie "como aquello que determina la estructura del conjunto

---

[110] Edith Stein, "Acto y potencia", *op. cit.*, p. 413.

[111] Edith Stein, "Acto y potencia", *op. cit.*, p. 422.

[112] Edith Stein, "Estructura", *op. cit.*, p. 666.

[113] *Ibidem*, pp. 666-668.

[114] *Ibidem*, p. 673.

[115] *Ibidem*, p. 669.

de cualidades poseídas por el individuo real".[116] También, en el alma, acontecen las formas que hacen del alma un alma espiritual, es decir, un alma abierta a sí misma y al otro.

Lo anterior es razón por la cual el alma humana es igualmente un alma personal. Recordemos que lo propio de los seres espirituales es la vida espiritual; el movimiento interno de intencionalidad, libertad e inteligibilidad que caracteriza, a su vez, a la persona.[117] Ésta es un yo consciente de su ser y de su vida. Un yo que dice de sí mismo. Un yo que en el encuentro interior con otro yo descubre en aquel un tú[118] hacia el cual puede abrirse para relacionarse. Un yo dueño de sí mismo, libre de decidir hacer u omitir algo.[119]

El yo surge en la profundidad oscura del alma humana. Es inseparable de ella, habita en ella[120] y es su puerta de acceso. Él "engloba el cuerpo y el alma, los abraza personalmente",[121] pues su tarea es formar al hombre en su integridad a través de sus actos puntuales. La unidad sustancial de alma y cuerpo es informada por la actividad del yo. "Aquí nos encontramos ante el *sí mismo*, que puede y debe ser informado por el yo".[122] El sí mismo es el conjunto del ser corpóreo-espiritual sobre el cual el yo puede tomar posesión. Se trata de "la instancia a partir de la cual el yo humano transita hacia la persona individual".[123] Es el medio de enlace entre el yo y la persona:[124] el yo dueño de sí mismo es un yo personal.

---

[116] *Ibidem*, p. 667

[117] José Luis Caballero, "Ejes transversales del pensamiento de Edith Stein", *op. cit.*, pp. 41-45.

[118] Edith Stein, "Estructura", *op. cit.*, p. 648.

[119] *Ibidem*, p. 649.

[120] Rubén Sánchez Muñoz, "Antropología filosófica y personalismo en Edith Stein. Primeras aproximaciones", *Revista de filosofía ucsc*, vol. 13, núm. 1, 2014, p. 28.

[121] Thibault Van Den Driessche, *L'alterité: Fondement de la personne dans l'oeuvre d'Edith Stein*, Leuven Paris Dudley, Mass, Peeters, 2008, p. 191. http://hdl.handle.net/2078.1/5392

[122] Edith Stein, "Estructura", *op. cit.*, p. 653.

[123] Rubén Sánchez, "Antropología filosófica y personalismo en Edith Stein", *op. cit.*, p. 27.

[124] *Idem*.

La actividad formativa del yo puede caracterizarse por ser superficial o profunda dependiendo de si hunde sus raíces a mayor o menor profundidad en el alma.[125] El alma como lugar de acontecimiento de toda la realidad personal tiene un punto de suma profundidad. Para Stein,[126] éste es el lugar propio del yo, lugar de su descanso, desde donde puede comprender, reflexionar, tomar decisiones importantes, hacer donación de sí mismo, actuar libremente.[127] Se trata del "centro del alma donde mora Dios y donde Edith encontrará la raíz del yo y de la libertad".[128]

En su unidad, esta antropología tiene un doble dinamismo dado, por una parte, por el paso de la potencia al acto, por otra parte, por la libertad del yo. "Dado que [el yo] puede percibir exigencias y darles seguimiento, está en condiciones de ponerse *fines* y hacerlos realidad con sus actos",[129] puede formar su naturaleza animal de modo tal que llegue a estar "totalmente desarrollado, plenamente informado como persona".[130] Llegar a la plenitud personal es un llamado que el hombre escucha por medio de la conciencia. Ella lo invita a descubrirse como un yo personal dueño de sí mismo cuya alma espiritual con todo lo que acontece en ella ha de ser formada. La respuesta a este llamado puede ser:

---

[125] Edith Stein, "Estructura", *op. cit.*, p. 657.

[126] Al respecto, es importante señalar la influencia tanto agustiniana como de los grandes místicos del Carmelo en el pensamiento steiniano. Siguiendo al santo de Hipona, la autora adopta una antropología en la que distingue entre el hombre exterior y el hombre interior, cuyo núcleo de configuración es el alma, lugar de interioridad del ser humano que, al mismo tiempo que es conocida por el hombre, resulta un enigma por resolver para él (Chávez, 2014, p. 131). Por su parte, el influjo de la experiencia espiritual de santa Teresa de Jesús y san Juan de la Cruz se evidencia en la manera en que Stein explora "lo más íntimo del alma, su fondo o centro, donde el yo se encuentra *como en casa* y alcanza la cima de su ser personal" (*Idem*).

[127] Edith Stein, "Estructura", *op. cit.*, p. 657.

[128] Ildefonso de la Inmaculada (O.C.D.), "Libertad y personalidad en Edith Stein", *Revista de espiritualidad*, vol. 31, núm. 123, 1972, p. 232.

[129] Edith Stein, "Estructura", *op. cit.*, p. 649.

[130] *Ibidem*, p. 650.

1. Negativa, es decir, el ser humano puede decidir no asumir la responsabilidad sobre sí mismo y el único proceso formativo que se da en él es el natural del alma, en tanto forma viviente común a plantas y animales.
2. Positiva, en donde el ser humano puede decidir orientar su libertad conforme al arquetipo de humanidad realizada que haya privilegiado.

Así, queda en evidencia que el ser humano no es un ser acabado. La libertad le da al individuo humano un dinamismo en el que tiene que hacerse cargo de su propio desarrollo y crecimiento, él puede orientar el paso de la potencia al acto de aquello que acontece en su alma como una determinación que él mismo debe conjugar, encauzar y realizar. Con estas consideraciones sobre la persona humana, podemos avanzar hacia la pregunta por la mujer.

4. Decir mujer es decir madre

En este último apartado, presentamos los puntos centrales del pensamiento steiniano sobre la mujer. Para ello, en un primer momento hacemos alusión a cuatro aspectos que nos permiten situar la pregunta por la mujer en el pensamiento de Edith Stein. Posteriormente, abordamos el tema de la especificidad femenina y su caracterización a partir de la disposición anímica femenina. Finalmente, mostramos cómo la relación entre especificidad femenina y maternidad es tan estrecha que ser madre es el núcleo de lo que significa ser mujer.

Para Edith Stein, pensar la mujer no es una tarea puramente académica. Antes bien, se trata de una reflexión existencial que responde tanto a la época en que vivió como a su propio recorrido vital, así lo expresa en "Vida cristiana de la mujer": "Nuestro ser y nuestra vida se nos plantean como problema. No podemos pasar de largo en la cuestión de qué es lo que somos y debemos ser. Y no sólo la inteligencia reflexiva nos lleva a plantearnos la cuestión, la vida misma ha convertido nuestra vida en problema".[131]

Stein se pregunta por la mujer porque ella misma es una mujer, hija de una madre fuerte, dedicada a un saber poco común entre las mujeres, cuyo crecimiento profesional se vio truncado por su condición femenina y cuya feminidad adquirió un nuevo sentido a la luz de la cruz de Cristo. En efecto, la cuestión de la mujer cobra mayor relevancia en el pensamiento steiniano a partir de la conversión de la autora al cristianismo. Entre 1928 y 1933, es invitada por círculos de mujeres católicas a reflexionar sobre diferentes temas relacionados con lo femenino.

Para comprender las afirmaciones de esta pensadora sobre la mujer, es necesario, en primer lugar, recordar su abordaje epistemológico. Para Stein, la pregunta por la diversidad esencial de género no se puede solucionar por medio de ciencias experimentales como la fisiología o la psicología. El lugar propio de esta cuestión es la antropología filosófica. A la reflexión del ser humano le corresponde clarificar el sentido de la diferenciación sexual[132] y el lugar que ella ocupa en relación con toda la estructura de la persona humana. Y allí donde son superadas las posibilidades naturales de la razón humana, la luz de la fe ilumina la imagen del hombre desde el saber revelado.[133] De modo que resolver la pregunta por la mujer requiere de una colaboración complementaria entre antropología filosófica y antropología teológica.

---

[131] Edith Stein, "Vida cristiana de la mujer", en Julen Urkiza y Francisco Javier Sancho (eds.), *Obras completas IV*. Escritos antropológicos y pedagógicos, Burgos, Monte Carmelo, El Carmen, Espiritualidad, 2003, p. 312.

[132] Edith Stein, "Problemas de la formación de la mujer", en Julen Urkiza y Francisco Javier Sancho (eds.), *Obras completas IV*. Escritos antropológicos y pedagógicos, Burgos, Monte Carmelo, El Carmen, Espiritualidad, 2003, p. 486.

[133] Edith Stein, "Fundamentación teórica de la formación de la mujer", en Julen Urkiza y Francisco Javier Sancho (eds.), *Obras completas IV*. Escritos antropológicos y pedagógicos, Burgos, Monte Carmelo, El Carmen, Espiritualidad, 2003, p. 444.

Este presupuesto epistemológico señala, en segundo lugar, la mirada metafísica de Stein. Para ella, "todo nuestro ser y desarrollo y actuar en el tiempo está sin embargo configurado desde la eternidad, tiene un sentido para la eternidad, y sólo se nos aparecerá claro en la medida en que lo ponemos a la luz de la eternidad".[134]

Acercarse a la mujer implica situarla en tanto ser humano en el complejo orden de la realidad que tiene a Dios como su centro, origen y destino. El hombre, al igual que toda criatura, está llamado a desarrollar lo que Dios ha sembrado según el orden por Él establecido. En su especificidad y en su individualidad, el ser humano forma parte del conjunto de la realidad que sólo se conoce a la luz de la eternidad.

En tercer lugar, Stein asegura que la satisfactoria resolución de la pregunta por la mujer requiere "tener claridad sobre la relación de género, especie, tipo, e individuo, es decir, sobre los problemas fundamentales de la *ontología formal*",[135] que ella misma aborda en *Acto y potencia*. Esto debido a que la pregunta básica de todas las preguntas sobre la mujer es la pregunta por la especie de la *mujer*. Si esta especie existe, no podrá ser cambiada por las condiciones sociales o culturales, si no existe el *hombre* y la *mujer*, son tipos, lo cual posibilita el cambio de un tipo a otro.[136]

En último lugar, no podemos olvidar que el abordaje de Stein es fenomenológico. Ella parte de la apariencia exterior de la mujer para llegar a conclusiones sobre el interior femenino.[137] No se trata de una descripción biológica, tampoco de quedarse con fenómenos singulares, sino de penetrar en su esencia para "indagar en lo que es 'lo femenino en general', según su esencia, obteniendo este conocimiento del caso singular en abstracción ideante".[138]

---

[134] Edith Stein, "Vida cristiana…", *op. cit.*, p. 313.

[135] Edith Stein, "Problemas de la formación", *op. cit.*, p. 486.

[136] *Ibidem*, pp. 485-486.

[137] Hanna-Barbara Gerl-Falkovitz, "La cuestión de la mujer según Edith Stein", *Anuario Filosófico*, vol. 31, núm. 3, 1998, p. 767.

[138] Mariano Crespo, *op. cit.*, p. 65.

Con estos elementos sobre el modo en que Stein aborda la pregunta por la mujer, podemos introducirnos en la solución que ella plantea, resaltando que, en un solo acercamiento, es imposible agotar la totalidad de enfoques steinianos sobre esta cuestión.[139]

La afirmación fundamental de Stein sobre la naturaleza femenina se refiere a la existencia de la especie doble del *hombre* y la *mujer*. Para llegar a esta afirmación, el punto de partida es el cuerpo. El hombre y la mujer están corporalmente configurados de manera distinta. En tanto que el ser humano es una unidad sustancial corpóreo-anímica, aquello que se manifiesta en el cuerpo debe tener también asidero en el alma. Es más, si hemos dicho que el alma es la forma del cuerpo, entonces "allí donde los cuerpos están configurados de un modo tan profundamente distinto —en todo el conjunto de la naturaleza humana—, allí también debe darse un tipo distinto de alma".[140]

Lo masculino y lo femenino son especificaciones que dan a la totalidad de la estructura de la persona humana un troquelado particular. En tanto realidad formal, la especie del *hombre* o de la *mujer* estructura de manera distinta el cuerpo, la vida corporal, la relación cuerpo y alma, la relación espíritu y sensualidad, así como las fuerzas espirituales entre sí.[141] La diferencia sexual se manifiesta en todas las dimensiones de la persona y, en consecuencia, tiene implicaciones en los diferentes ámbitos de su vida.[142] El varón y la mujer viven su ser humano de una manera diferente.[143]

---

[139] Anneliese Meis, "La cuestión de la especificidad de la mujer en Edith Stein (1891-1942)", *Teología y Vida*, vol. 50, núm. 4, Pontificia Universidad Católica de Chile, 2009, pp. 747-795.

[140] Edith Stein, "El *ethos* de las profesiones femeninas", en Julen Urkiza y Francisco Javier Sancho (eds.), *Obras completas IV*. Escritos antropológicos y pedagógicos, Burgos, Monte Carmelo, El Carmen, Espiritualidad, 2003, p. 163.

[141] Edith Stein, "Problemas de la formación", *op. cit.*, p. 503.

[142] Marc Timmermans, "Edith Stein et Jean-Paul II sur la différence sexuelle: Complémentarité et enrichissement", *Nouvelle Revue Théologique*, vol. 139, núm. 2, Instituto de Estudios Teológicos, Bruselas, 2017, p. 236.

[143] Ezequiel García Rojo, "Edith Stein y el tema de la mujer", *Revista de espiritualidad*, vol. 50, núm. 200, Salamanca, 1991, p. 384. http://www.revistadeespiritualidad.com/upload/pdf/2228 articulo.pdf

En este punto, es importante destacar que, desde esta perspectiva, existe entre el hombre y la mujer una igualdad ontológica dada por lo común entre los dos: ser personas humanas. La diferencia —también ontológica— de la especificidad significa un enriquecimiento que ha de ser comprendido en clave de reciprocidad. El varón y la mujer están llamados a vivir en la más íntima comunidad de amor. Están configurados para llevar una vida como un único ser,[144] en plena armonía de las fuerzas puestas al servicio del otro. Uno es la clave de comprensión y conocimiento del otro. El hombre y la mujer "se distinguen y comprenden por referencia recíproca; hace falta abarcar con amplia mirada ambas realidades, pues una ilumina la otra y, de esta forma, nos permiten reconocer lo específico de cada sexo, aquello que los hace ricos en su distinción".[145]

Ahora bien, junto a la especie del *hombre* o la *mujer*, existen otros grados de particularización: el tipo y el individuo. Así, dentro de la especie del *hombre*, existen diferentes tipos de hombre y, dentro de la especie de la *mujer*, existen diferentes tipos de mujeres. En otras palabras, hay grupos de hombres con rasgos típicamente comunes, así como grupos de mujeres con rasgos típicamente comunes. A su vez, en un tipo, hay individuos que en su singularidad tienen un modo único de expresar tanto la especie masculina o femenina como el tipo en el que se agrupan. La masculinidad y la feminidad le dan un troquelado a la persona, pero sus modos son tan diversos como las singularidades individuales. Se es hombre o se es mujer, pero no hay un modo único de ser hombre o de ser mujer. "La especie, masculina como femenina, se expresa en los individuos de modo diverso".[146]

¿Qué es lo específicamente femenino? ¿Cuál es el troquelado que la especie de la *mujer* le da al cuerpo y al alma? Es claro que el

---

[144] Edith Stein, "Vocación del hombre y de la mujer", *op. cit.*, p. 279.

[145] Guillermo Santiago Salinas, "La belleza de la feminidad en Edith Stein", *Dios y el hombre*, vol. 3, núm. 2, Universidad Nacional de la Plata, Argentina, 2019, p. 8 (en adelante, citado como "La belleza de la feminidad…").

[146] Edith Stein, "Problemas de la formación", *op. cit.*, p. 503.

cuerpo de la mujer tiene como nota característica el estar configurado para dar de sí en la acogida y el desarrollo de nueva vida humana. El proceso de formación de un ser en el organismo de la mujer implica una íntima unidad de lo anímico y lo corporal. Esta unidad pertenece al carácter de la naturaleza femenina en general.[147] En la mujer, la unión cuerpo-alma se da naturalmente de forma más íntima. El alma femenina está más presente y con mayor fuerza en todas las partes del cuerpo. Como resultado, la mujer queda interiormente afectada con mayor facilidad por todo aquello que le ocurre al cuerpo.

En el alma, la disposición para acoger y desarrollar la vida se expresa por una parte en la *actitud personal*.[148] La mujer tiene una capacidad particular de vinculación personal con otro ser personal.[149] "Ante todo, ella participa gustosamente de toda su persona en lo que hace. Luego, tiene interés particular por la persona viva, concreta y, desde luego, tanto por la vida personal propia como por personas ajenas y asuntos personales".[150] Esta actitud personal implica que el alma de la mujer sea amplia y abierta a todo lo humano.[151] Su centro espiritual está siempre en tensión hacia el encuentro personal. Por otra parte, encontramos en el alma femenina una *tendencia hacia la totalidad*.[152] La mujer desea "alcanzar la condición de *ser humano total*, convertirse en un ser humano desarrollado en plenitud y también

---

[147] Edith Stein, "Vida cristiana…", *op. cit.*, p. 320.

[148] Frente a esta actitud personal femenina, encontramos la actitud masculina tendiente hacia lo objetivo. Al hombre "le es connatural dedicar sus energías a un ámbito (sea matemático o técnico, un oficio industrial o comercial), y someterse a las leyes correspondientes a esta 'realidad'" (Stein, 2003, p. 75).

[149] Guillermo Santiago Salinas, "La belleza de la feminidad…", *op. cit.*, p. 12.

[150] Edith Stein, "El valor específico de la mujer en su significado para la vida del pueblo", en Julen Urkiza y Francisco Javier Sancho (eds.), *Obras completas IV. Escritos antropológicos y pedagógicos*, Burgos, Monte Carmelo, El Carmen, Espiritualidad, 2003, p. 75 (en adelante, la obra será citada como "El valor específico de la mujer…").

[151] Edith Stein, "Fundamentos de la formación…", *op. cit.*, p. 200.

[152] Por su parte, el hombre más que la totalidad experimenta un desarrollo unidireccional. A la especie masculina le corresponde el crecimiento de sus energías de manera intensa en una dirección definida.

quisiera ayudar a los otros a serlo".[153] Ella siente un fuerte impulso a la humanidad.[154] Así, "a la especie femenina le corresponde la unidad y armonía de toda la personalidad corpóreo-anímica, el armónico desarrollo de las energías".[155]

La actitud personal y la tendencia a la totalidad se corresponden. La primera es la búsqueda propia del alma femenina; es en la relación personal donde la mujer puede realizar sus más profundos deseos. Todo en ella está abierto y dispuesto al encuentro con el otro. La segunda es la fuerza, el impulso que capacita cada vez más a la mujer para vivir adecuadamente su llamado hacia lo vivo personal. Entre más abraza la mujer su tendencia a la totalidad más orientada está hacia la persona y a participar en todo personalmente. Entre más vive personalmente, crece en su búsqueda de la humanidad total para sí y para otros.

Estas dos notas características del alma femenina se expresan en el modo de amar y de conocer de la mujer. El modo de amar femenino implica por completo a la mujer. Ella siente un deseo de dar amor y de recibir amor tan fuerte que la envuelve e impulsa personalmente en el anhelo de elevar su ser "desde la estrechez de su presente existencia real hasta un ser y obrar superiores".[156] La mujer ama dándose a sí misma completamente para cultivar la humanidad en sí y en el otro. Su modo de amar la mueve a "llegar a ser aquello que ella debe ser, desplegar y madurar del mejor modo posible el ideal humano que duerme en ella en la forma particular que precisamente se ha asignado hacer que alcance un desarrollo lo más perfecto posible, y a la vez incentivar y promover en los otros la maduración en orden a su plenitud".[157]

---

[153] Edith Stein, "El valor específico de la mujer…", *op. cit.*, p. 75.

[154] Este impulso consiste en trabajar para que la voluntad esté dirigida por el conocimiento y que las potencias inferiores estén dominadas por el entendimiento y la voluntad.

[155] Edith Stein, "Problemas de la formación", *op. cit.*, p. 503.

[156] Edith Stein, "Vida cristiana…", *op. cit.*, p. 318.

[157] *Ibidem*, p. 319.

El despliegue de este modo de amar femenino dependerá de lo mucho o poco que la mujer haya crecido en su capacidad de salir de sí al encuentro de otro, "dándose, ella, se encontrará y, abnegándose por amor, crecerá. Su vida relacional se carga así de una libertad interior capaz de abrazar espiritualmente la vivencia personal del tú con que se encuentre".[158]

Sin embargo, que el alma femenina sea movida por un vivo deseo de amar no significa que la capacidad de amar de la mujer constituya un reservorio infinito de afecto y amor empático. Si bien, hay momentos en los que la mujer experimenta una fortaleza en el amar, ésta no es una constante. El deseo de amar sólo se puede realizar en plenitud en la mujer en la medida en que ella tenga sus raíces hundidas en Dios, para que su disposición a amar se vuelva estable estando conectada a las fuentes eternas.[159]

Ello denota un aspecto particular de la especificidad femenina que consiste en la particular receptibilidad de la acción divina en el alma.[160] La mujer busca la imagen divina en todos los seres humanos y quiere ayudarles a vivir en la libertad de los hijos de Dios. Ésta es la más pura obra del amor, en la que la mujer participa gracias a esa receptibilidad, la cual llega a su pleno desarrollo cuando ella se abandona confiadamente a la acción de Dios. En *la Vida cristiana de la mujer*, Edith Stein señala cómo este modo de amar femenino es imagen del amor que lleva al ser humano a su perfección, a saber, del Espíritu Santo. En este sentido, la identidad femenina procede de la eternidad dado que existe en una unión especial con el Espíritu.[161]

---

[158] Guillermo Santiago Salinas, "La belleza de la feminidad…", *op. cit.*, p. 19.

[159] Katharina Westerhorstmann, "On the Nature and Vocation of Women", Laici, p. 7. http://www.laici.va/content/dam/laici/documenti/donna/filosofia/english/on-the-nature-and-vocation-of-women-edith-steins.pdf

[160] Edith Stein, "El valor específico de la mujer…", *op. cit.*, p. 79.

[161] *Cfr.* Anneliese Meis, "La cuestión de la especificidad de la mujer en Edith Stein (1891-1942)", *Teología y Vida*, vol. 50, núm. 4, Pontificia Universidad Católica de Chile, 2009, pp. 747-795; Eva Reyes-Gacitúa, "Paradoja de la ipseidad de la mujer: Algunas reflexiones a partir de la obra *Die Frau* de Edith Stein", *Steineana*, vol. 1, núm. 1, 2017, pp. 47-60; Hanna-Barbara

El modo de conocer de la mujer se caracteriza por "una peculiar fuerza para intuir lo concreto y viviente, especialmente lo personal".[162] El alma femenina tiene la capacidad de hacer propia la vida espiritual ajena, así como las realidades más cotidianas de quienes le rodean. La búsqueda cognoscitiva femenina está profundamente relacionada con "su deseo de llevar a la máxima perfección posible la humanidad en sus expresiones específicas e individuales en sí misma y en los otros".[163] En ello, la emotividad tiene un papel particular, en tanto que potencia el alma de la mujer para conocer a la persona concreta en su valor específico y tomar posición frente a lo conocido.

En efecto, en aquella parte del alma que Stein llama *Gemüt* —el alma del alma, que también podría asociarse con genio, sentimiento, ánimo, emotividad, entrañamiento, corazón—, se encuentra el núcleo de lo más propiamente femenino. La mujer vive mucho más que el varón desde allí.[164] Éste es el lugar de donde le viene la fuerza para motivarse por todo lo humano. Es el lugar propio de la alteridad, donde la mujer se confronta con el mundo y consigo misma hacia el cultivo de la empatía.[165] Se trata del centro desde el cual la mujer tiende personalmente hacia otras personas.

En suma, el modo de ser femenino es profunda y ampliamente maternal.[166] La relación entre feminidad y maternidad es tan estrecha que, con la expresión *instinto maternal*, se puede sintetizar el contenido de la especificidad de la mujer.[167] Desde la perspectiva teológica,

---

Gerl-Falkovitz, "La cuestión de la mujer según Edith Stein", pp. 753-784; María Paz Díaz, "La mujer, expresión de la humanidad en Edith Stein. Una propuesta de identidad en el pensamiento de Edith Stein", *Teología y Vida*, vol. 45, núm. 1, Pontificia Universidad Católica de Chile, 2004, pp. 85-91. doi:http://dx.doi.org/10.4067/S0049-34492004000100004

[162] Edith Stein, "Problemas de la formación", *op. cit.*, p. 503.

[163] *Idem.*

[164] Eva Reyes-Gacitúa, "Edith Stein: de la concepción de la persona humana a la comprensión de la mujer", *Franciscanum*, vol. 63, núm. 175, 2021, p. 20.

[165] Guillermo Santiago Salinas, "La belleza de la feminidad…", *op. cit.*, p. 8.

[166] *Ibidem*, p. 12.

[167] Edith Stein, "El valor específico de la mujer…", *op. cit.*, p. 83.

Stein habla de dos misiones a las que la mujer ha sido llamada desde la eternidad: ser madre y compañera.[168] De las dos, la maternidad es en la que se expresa más plenamente la especificidad de la mujer.

Claramente, la maternidad aquí no es únicamente una función biológica reproductiva. La maternidad para la vida anímica no está limitada a los confines de la relación de una madre con su hijo biológico, "sino que se extiende a todos los seres humanos que entran en el entorno de la mujer".[169] La maternidad es la realidad anímica propia de la mujer tendiente al contacto estrecho, la intimidad, la custodia, el cuidado, la tutela y la nutrición de lo vivo personal. Ser madre se trata de hacer crecer lo humano, es llevar a su desarrollo la genuina humanidad.[170] En este sentido, la mujer es madre en todas sus obras, en su vida profesional o en cualquier actividad que emprenda, todo cuanto sea movido por su alma es actividad maternal. "De este modo es posible para la mujer que no ha podido ser ni esposa ni madre o que voluntariamente ha renunciado a ello, el desarrollo de su vocación en un sentido espiritual".[171]

Así como no hay un único modo de ser mujer (tipo), tampoco lo hay de ser madre. La mujer, en su libertad y de acuerdo con su singularidad como individuo, puede decidir de qué manera vivir su maternidad. Lo nuclear de la maternidad consiste en educar, formar y acompañar en el crecimiento para la vida terrena.[172] Para llevar a cabo esa tarea de formación de la genuina humanidad, es necesario que la

---

[168] La misión de compañera está relacionada con el llamado a la esponsalidad. El cuerpo de la mujer está plasmado para ser una sola carne con otro. Así también el alma femenina está dispuesta para ser una con otro en el dinamismo de desarrollo y crecimiento de lo humano. Esto significa ser sostén y apoyo a fin de que el hombre llegue a ser aquello que debe ser. Ésta es una realidad anímica que no se restringe a los límites de la relación marital.

[169] Edith Stein, "Fundamentos de la formación…", *op. cit.*, p. 200.

[170] Edith Stein, "El valor específico de la mujer…", *op. cit.*, p. 75.

[171] Edith Stein, "La misión de la mujer", *op. cit.*, p. 249.

[172] También está lo propio de la maternidad sobrenatural que consiste en formar hijos de Dios. "Tal maternidad espiritual (sobrenatural) es capaz de llenar de sentido la vida del hombre, pero ésta es sólo posible en hombres cuya alma ha sido llenada y fructificada por Cristo" (Stein, 2003, p. 253).

mujer sepa en qué consiste ese desarrollo y ella misma esté caminando hacia esa genuina humanidad.[173] Aquí retomamos la idea de formación que habíamos mencionado en el apartado anterior. El ser humano, en su libertad, puede elegir si cultivar o no aquello que le ha sido dado por naturaleza, así como la orientación que quiere darle a aquello que ha decidido cultivar. La madre, la mujer, es ante todo una maestra en el arte de la formación humana. El único modo en que puede acompañar a otros en su camino personal de formación es siendo protagonista de su propio camino formativo.

Sin embargo, es importante resaltar que "no se puede traspasar tan fácilmente a un plano espiritual la completa maternidad físico-espiritual. Cuerpo y alma son un todo inseparable, y no puede decirse sin más —incluso es muy probable—, que una función corporal-anímica permanece la misma aunque se prescinda totalmente de la parte corporal".[174]

Vivir la maternidad únicamente desde el plano espiritual es posible sólo con la ayuda de la gracia. Una vocación como la virginidad consagrada, por ejemplo, requiere de una gracia especial para ser vivida sin que la mujer se sienta insatisfecha en su feminidad. En otras palabras, la mujer es madre en todas sus relaciones y en todo lo que hace. Pero esa maternidad tiene un horizonte de realización plena que implica a la mujer en cuerpo y alma. Cuando la mujer prescinde libremente de la maternidad corporal, ha de ser suplida por la gracia para plenificar su disposición maternal, pues recordemos que, en la mujer, existe una estrecha unidad entre cuerpo y alma.

Así, las mujeres que entregan todas sus energías maternales al ejercicio profesional o a otras causas sin la ayuda de la gracia fácilmente pueden caer en insatisfacción,[175] porque en esos escenarios no se ven plenificados todos sus deseos femeninos. Tal insatisfacción

---

[173] Edith Stein, "El valor específico de la mujer…", *op. cit.*, p. 75.

[174] Edith Stein, "La misión de la mujer", *op. cit.*, p. 250.

[175] *Idem.*

también puede aparecer en una maternidad malograda. Cuando la mujer no está ella misma formada, con mucha facilidad, puede conducir a otros hacia horizontes despersonalizantes; en lugar de hacer crecer personas completas enseña a vivir de manera puramente instintiva.[176] También puede suceder que la mujer viva solamente para sí, por más que tenga otros alrededor, no es capaz de salir de sí misma y menos aún de colaborar en el crecimiento de aquéllos que están a su cargo.[177]

La maternidad que plenifica a la mujer, la maternidad adecuadamente vivida requiere ante todo de mujeres que, reconociendo su especificidad, en libertad, elijan desarrollarla; de mujeres conscientes de sí mismas, que conozcan y amen su cuerpo, su alma, su modo de conocer y de amar; de mujeres que opten por ser personas humanas con todo lo que ello conlleva, responsables y dueñas de sí mismas.

Para Stein, "todo esto apunta a lo siguiente: lo que la mujer debe ser según su misión originaria sólo puede llegarlo a ser, si a la configuración natural que actúa desde el interior se añade la configuración mediante la gracia".[178] Por ello, el modelo formativo que orienta el genuino desarrollo de la maternidad es el de la virgen María. En ella, tenemos la imagen de la especificidad femenina debidamente desarrollada. Ella es el arquetipo con el cual la mujer que elige libremente vivir su feminidad aprende a vivir en plenitud como una madre y maestra en la formación humana.

5. Balance del capítulo

Al acercarnos a Edith Stein nos encontramos con una mujer cargada de hondura y riqueza: judía, atea, cristiana, filósofa, teóloga, académica,

---

[176] Hanna-Barbara Gerl-Falkovitz, "La cuestión de la mujer según Edith Stein", *op. cit.*, p. 772.

[177] *Idem.*

[178] Edith Stein, "Fundamentos de la formación de la mujer", *op. cit.*, p. 202.

educadora, religiosa, mártir, amante de la verdad. Stein es una mujer que "sintetiza muy bien lo que es el drama, la búsqueda del hombre contemporáneo".[179] En ella, existe una profunda unidad entre filosofía y vida.[180] Su existencia estuvo dinamizada por el amor a la verdad y su pensamiento se fue transformando y encarnando en el camino de búsqueda de ésta.

En diversos escenarios y en distintas circunstancias, la Verdad la fue encontrando hasta el punto de llegar a conquistarla por completo a través de santa Teresa de Jesús. Este encuentro estuvo precedido por un tiempo de búsqueda en la psicología, la historia y la filosofía. Particularmente, fue la fenomenología de Husserl bajo una mirada realista la que preparó a la pensadora alemana para la revelación divina. Con la ayuda de santo Tomás de Aquino comprendió su ejercicio intelectual tomando la fe como fundamento de su singular sistema de pensamiento.

Sobre esa base y a partir de la reflexión en torno al ser, Stein penetró en la cuestión de lo humano. Su comprensión del hombre como una persona libre y espiritual es el marco en el que piensa a la mujer. Aunque existencialmente tuvo que afrontar una serie de dificultades sociales por ser mujer, la filósofa de Breslau ofrece una mirada de lo femenino en armonía con la maternidad. Ésta hunde sus raíces en la crianza materna y la fe cristiana para dar de un modo singular respuesta a una inquietud de las mujeres de todos los tiempos.

---

[179] Francisco Javier Sancho, "Santa Teresa Benedicta de la Cruz. Mártir de amor" (conferencia), acceso el 23 de noviembre de 2021. https://www.youtube.com/watch?v=ZEW3hGxFdyU

[180] Francisco Javier Sancho, "Filosofía y vida: el itinerario filosófico de Edith Stein", *Anuario filosófico*, vol. 31, núm. 62, Universidad de Navarra, España, 1998, p. 665.

Capítulo III

Stein y Badinter: del conflicto a la armonía

En los dos primeros capítulos estudiamos la postura de Élisabeth Badinter y Edith Stein frente a la inquietud central de esta investigación: la relación entre feminidad y maternidad. En el primer capítulo, vimos cómo Badinter comprende esa relación de manera conflictual;[1] mientras que, en el segundo, Stein nos mostró una mirada armónica de ésta. En este último capítulo, ofrecemos un espacio de diálogo entre las dos autoras. Al respecto, es necesario hacer dos anotaciones.

La primera consiste en que partimos de una búsqueda compartida: ambas pensadoras querían comprender lo femenino para encontrar su lugar en la vida social e hicieron de ello un tema de reflexión para los hombres y las mujeres de su tiempo. En otras palabras, ambas descubrieron en su ser mujer una cuestión por resolver, más que como un tema de estudio como una búsqueda existencial relacionada, ulteriormente, con la propia felicidad.

La segunda anotación es que, en este diálogo, contrastaremos el modo en que ambas pensadoras comprenden la relación entre feminidad y maternidad. Para ello, abordaremos cuatro aspectos fundamentales en la constitución de la postura de las autoras:

---

[1] A lo largo del capítulo utilizamos la categoría conflictual para referirnos al modo en que la autora comprende la relación entre la mujer y la madre. No se trata de una categoría valorativa en torno a la mirada de la pensadora francesa, sino de un modo de aludir al conflicto que Badinter plantea entre la mujer y la madre.

1. La experiencia vital.
2. El posicionamiento frente al feminismo.
3. El origen mítico de la postura sobre la sexualidad humana.
4. La relación entre naturaleza femenina, libertad y maternidad.

Finalmente, concluiremos refiriéndonos a cómo, desde la armonía encontrada por Stein, se pueden proponer vías de solución al conflicto señalado por Badinter.

1. Dos mujeres intelectuales

La respuesta de las autoras frente a la pregunta por la relación entre maternidad y feminidad está atravesada por tres elementos de su experiencia vital. En primer lugar, en el ámbito familiar, ambas autoras tuvieron como punto de partida de su pensamiento una relación particular con el judaísmo y con una figura significativa de su núcleo familiar.

Edith Stein nació en un contexto judío con una serie de dificultades para la mujer.[2] Sin embargo, su madre, Auguste Courrant, siendo una mujer judía observante y contra el consejo de sus parientes, decidió hacerse cargo de la economía de su familia después de la muerte de su esposo. Ella rompió esquemas, trabajando en el negocio familiar, no por una reivindicación feminista, sino porque, siendo madre, supo vivir la riqueza de su condición femenina en medio de circunstancias desfavorables. Su vida se movía entre su fe judía y el sostenimiento de su familia. Courrant fue ejemplo vivo de la mujer fuerte judía que responde a los embates de la vida con una sabiduría proveniente de un corazón materno. Ella supo ser piedra de unidad en el hogar, de allí el fuerte sentido de familia de Edith y sus hermanos.

---

[2]   Francisco Javier Sancho y Julen Urkiza, "Una personalidad impactante", *op. cit.*, p. 44.

Esta presencia fuerte de la madre fue determinante para el modo en que Edith se entendería como mujer.[3] Stein creció con el ejemplo de una mujer que vivió en plenitud su feminidad sin que ello significara un impedimento para la maternidad. Más aún, lo propio de una madre de este tipo fue apoyar pacientemente a su hija en medio de sus idas y vueltas.[4] La mirada armónica steiniana parte del corazón de su madre.

Badinter también nació por línea paterna en un contexto judío, no obstante, su familia era diferente a la de Stein, justamente por la impronta paterna. Marcel Bleustein-Blanchet fue un adelantado a su tiempo que vislumbró la importancia que tendría la publicidad en el futuro y encontró en ello una oportunidad para labrar su propio destino aislado del negocio familiar. Pese a que él mantuvo los lazos de su entorno judío, su vida estuvo centrada en el sueño de su compañía de publicidad. Así también educó a su hija, con el carácter para perseguir sus ambiciones personales y con la certeza de que, para los sueños, no hay límites, ni siquiera el hecho de ser mujer. Al respecto, podemos citar un recuerdo de Badinter: "Él y yo éramos los madrugadores. Nos levantaríamos cada mañana a las cinco o seis. Yo iría a su habitación y me sentaría en el pie de su cama, y él me hablaría por horas. Me preguntaría, ¿qué quieres hacer en la vida? Y contestaría por mí: diría que si hacía el esfuerzo no hay nada que no pudiera hacer".[5]

Badinter tuvo un padre ambicioso que cultivó en ella el primer presupuesto para la formación de su visión sobre la mujer, pues el deseo de alcanzar a como dé lugar las ambiciones personales trae en sí el individualismo que caracteriza su postura feminista.

---

[3] Cinta Espuny, *op. cit.*, p. 411.

[4] Entre la madre y la hija existía un vínculo de singular importancia, cuyo origen estaba en el significado que tenía Edith para Auguste: ella era la herencia, el último regalo de su difunto esposo. En el marco de esta estrecha relación, Courrant respaldó a su hija en la búsqueda de la verdad. Stein sabía que el camino que había escogido no era el habitual para una mujer de su tiempo. La madre también lo supo. Aun así, acompañó y soportó con su sabiduría materna la búsqueda de quien sería una intelectual brillante.

[5] Jane Kramer, *op. cit.*, p. 4. Traducción propia.

En segundo lugar, ambas autoras emprendieron una carrera académica. Stein tenía un fuerte deseo de conocer la verdad sobre el ser humano que la llevó de Breslau a Gotinga, Friburgo y Colonia, de la historia y la psicología a la filosofía y la teología. En su tiempo, era inusual que una mujer se comprometiera con una empresa como ésta.[6] En la vida universitaria, se encontró con profesores enemigos de que las mujeres estudiaran[7] y con la experiencia de no haber sido tomada en serio por sus colegas y por su maestro, Edmund Husserl.[8] Además, pese a que, con la obtención de su título de doctorado, la pensadora alemana centró sus esfuerzos en la consecución de una cátedra universitaria, esta opción le fue negada en varias ocasiones por su condición femenina.[9]

El encuentro con Cristo le significó una oportunidad de replantearse su camino intelectual. Hasta el momento, su vida se había abocado a la resolución académica de una serie de inquietudes existenciales. Habiendo encontrado las respuestas en un Dios personal que vive, ama y conoce con corazón humano, Stein sabía que culminar la búsqueda requería una entrega radical. Toda su reflexión se

---

[6] Inició sus estudios en Breslau en 1911. En 1913, se trasladó a la Universidad de Gotinga atraída por la fenomenología de Edmund Husserl. En 1915, obtuvo la habilitación de Maestra en historia, filosofía y germanística. En 1916, defendió y obtuvo la máxima calificación para su tesis doctoral *Sobre el problema de la empatía* en la Universidad de Friburgo, convirtiéndose en la primera mujer doctora en filosofía en Alemania. Después de esto, permaneció en Friburgo como asistente de Husserl. En 1918, deja dicha ocupación para dedicarse al trabajo científico personal con el objetivo de presentarse a una cátedra universitaria. Durante 1919, intenta acceder a una cátedra en Gotinga, Friburgo y Kiel. Entre 1920 y 1921, imparte cursos de fenomenología y ética, sin acceder aún a una cátedra universitaria. En enero de 1921, se bautiza y hace su primera comunión. *Cfr.* Francisco Javier Sancho y Julen Urkiza, "Cronología de Edith Stein", en Julen Urkiza y Francisco Javier Sancho (eds.), *Obras completas I*. Escritos autobiográficos y Cartas, Burgos, Monte Carmelo, El Carmen, Espiritualidad, 2002, pp. 119-128.

[7] María del Pilar Vila Grieira, *op. cit.*, p. 10.

[8] Waltraud Herbstrith, "Edith Stein: Vida, obra y mensaje", *op. cit.*, p. 277.

[9] En febrero de 1919, Edith obtiene el certificado de idoneidad como catedrática de la mano de Husserl. Pese a sus intentos entre 1919 y 1921 en las universidades de Gotinga, Friburgo y Kiel, le fue negada la posibilidad de acceder a una cátedra por ser mujer (Sancho y Urkiza, 2002, pp. 121-122).

convirtió en diálogo de manifestación del misterio que la envolvía en la profundidad de un conocimiento inagotable.

Así también cambió su quehacer. Si bien, inicialmente Stein se dedicó a la enseñanza, primero en el Centro de Formación de Maestras de Santa Magdalena en Espira, luego en el Instituto Alemán de Pedagogía Científica de Münster, su deseo era responder al llamado de Dios en la vida religiosa. El ingreso al Carmelo la llevó a nuevas reflexiones que brotaban de la Cruz. Las consideraciones intelectuales y el modo de comprenderse como mujer intelectual ahora estaban atravesadas por su experiencia de ser esposa de Cristo.

Pese a que, en buena parte de su camino intelectual, Stein encontró dificultades por su condición femenina, y, en cierto momento, ella misma privilegió la vida intelectual por encima de la maternidad, al final, el encuentro con Jesucristo fue definitivo en la construcción de la mirada armónica sobre la relación entre maternidad y feminidad. Primero, la construyó desde la vida; luego, en la filosofía y la teología.

Por su parte, Badinter ingresa a la universidad en un momento en que la carrera intelectual no presentaba las dificultades con las que se encontró Stein. En ese punto, el panorama para las mujeres había cambiado considerablemente. De un lado, había transcurrido una década desde la publicación de *El segundo sexo* de Simone de Beauvoir, obra paradigmática que introdujo la comprensión de lo femenino como construcción cultural. De otro lado, se había difundido el pensamiento contraceptivo. Si en la teoría las mujeres estaban batallando contra la idea del destino biológico materno, en la práctica, tenían las herramientas para desligarse de ello. Adicionalmente, Badinter formaba parte de una familia adinerada con una posición acomodada en la sociedad parisina. Era hija de un padre para quien ningún obstáculo era infranqueable.

La autora francesa se comprometió como mujer e intelectual en la batalla contra todas las ideas que amenazaran con limitar la libertad de la mujer. Denunció los problemas de lo que ella llamó *el mito del instinto maternal* y desarrolló todo un conjunto de pensamiento para soportar su postura. Allí combinó el feminismo con su modo singular de valorar las ideas ilustradas. Esto la llevó a posicionarse como referente del feminismo y el ámbito intelectual francés. De este modo, la mirada sembrada por la crianza encontró, en el contexto cultural e intelectual, el terreno adecuado para crecer.

En tercer lugar, ambas autoras fueron madres de manera distinta. Badinter se casó a los 22 años y tuvo tres hijos. Pese a que la maternidad implicó para ella un esfuerzo adicional en la consecución de su habilitación para la docencia en filosofía, se comprendió como una mujer que supo equilibrar la maternidad con la carrera profesional.[10] Su opción de vida se corresponde con su pensamiento en tanto que vivió en la libertad de haber elegido de acuerdo con sus ambiciones personales. Ni ser mujer ni ser madre fueron un obstáculo para su carrera. En el activismo y en la vida intelectual, se empeñó en que todas las mujeres tuvieran su misma libertad.

Stein vivió dos momentos frente a la maternidad. Mientras su vida se centraba en la academia, consideró inadmisible dejar la profesión en favor de la familia.[11] Después de su conversión comprendió que lo propio de la mujer es ser madre, pues aun si la maternidad no es biológica la mujer puede ser madre espiritual. Esto lo vivió en su labor de enseñanza y en la vida religiosa como esposa de Cristo y madre de los hijos de la Iglesia.[12]

En síntesis, tenemos dos autoras cuya respuesta a la cuestión de la mujer brotó de su experiencia vital. La mirada conflictual de Badinter tuvo como punto de partida los ideales transmitidos en la

---

[10] Jane Kramer, *op. cit.*, p. 5.

[11] Jutta Burggraf escribe esto en la introducción del libro de Edith Stein: *La mujer. Su papel según la naturaleza y la gracia*, 2001, p. 9.

[12] Edith comprendió que la persecución nazi a los judíos era la cruz de Cristo cayendo sobre el pueblo elegido. Él era el perseguido, estaba siendo crucificado de nuevo. Ella vio su muerte en Auschwitz como una oportunidad de unirse al amado esposo a quien ya se había entregado en la vida religiosa. La muerte sería la consumación del llamado esponsal que la llevó al Carmelo. Adicionalmente, Edith vivió su maternidad espiritual ofreciendo su vida y muerte por todos aquéllos que le habían sido dados (Stein, 2002, pp. 514-516).

crianza paterna, fue alimentada por los elementos del entorno cultural e intelectual y se transparentó en el modo de entender y vivir la maternidad. Stein, por su parte, tiene un primer antecedente de su visión armónica en la figura materna, aunque en su recorrido intelectual tuvo motivos para apartarse de esa visión, finalmente la cultivó y la construyó en Cristo para llegar a vivir así una maternidad espiritual.

2. La relación con el feminismo

En la consideración de este aspecto, no pretendemos clasificar las ideas de Stein y de Badinter dentro de las distintas corrientes y olas del feminismo.[13] Antes bien, nuestro interés es mostrar cómo el modo de posicionarse frente al feminismo nos ayuda a entender la relación que las autoras tejen entre maternidad y feminidad. La clave en este aspecto radica en que el feminismo presupone un marco particular de comprensión del ser humano y de la diferencia sexual.

El feminismo como conjunto de pensamiento —antes de cualquier ramificación, antes de las corrientes y la diversidad de feminismos— es un fenómeno moderno. Sus condiciones de posibilidad y surgimiento están dadas por lo propio del pensamiento de esta época, a saber, una visión antropocéntrica de la realidad en la que el ser humano afirma tener poder transformador sobre las estructuras más profundas del ser. Desde esta perspectiva, se afirma que la estructura filosófica de la realidad depende de la mente humana. De allí que los feminismos fundamenten sus posturas en el cuestionamiento y la negación del carácter esencial de la diferencia sexual.

Asimismo, el feminismo como fenómeno moderno también es ideológico. Las ideologías son otro resultado de la modernidad,[14] son

---

[13] Este aspecto excede los límites de este trabajo, sin embargo, es un tema de interés para futuras investigaciones.

[14] Carlos Massini, *El renacer de las ideologías: Ensayo sobre la génesis, estructura y recurrencia del ideologismo político*, Mendoza, Idearium, 1984, p. 54.

sistemas de ideas que ofrecen respuestas salvadoras a problemáticas sociales, tomando la ciencia como fundamento de verdad de la construcción racional.[15] "Las ideologías son hijas de un determinado sujeto colectivo y de una época histórica, de la que pretenden reconstruir su lógica hasta el punto de ruptura y superación",[16] parten de una base fáctica que transfiguran con apariencias.[17] En medio de ello, el ser humano queda reducido, mientras que las distintas ideologías proponen soluciones a los problemas del ser humano a costa de una imagen distorsionada de éste.

Aunque los feminismos en su particularidad incorporan elementos concretos, en términos generales, el feminismo ofrece una solución a las problemáticas sociales, políticas, económicas y culturales relativas a la mujer. El feminismo parte de una base fáctica: la compleja situación de la mujer en su relación con el varón; y encuentra la génesis de ésta en el deseo del varón de superponerse a la mujer, con el pretexto de una división social de tareas sobre la base de la biología. De esta manera, esta ideología tiende a reducir la sexualidad a un dato biológico con un ropaje sociocultural y elimina con ello la dimensión tanto ontológica como espiritual de esta profunda realidad humana.

El feminismo como fenómeno moderno e ideológico entronca con las raíces filosóficas de la Ilustración. Los antecedentes del feminismo se encuentran en los salones literarios del siglo XVIII, donde las mujeres entran de manera remarcable en la escena intelectual. Sin embargo, como causa social y política de un grupo minoritario de mujeres, el feminismo ve la luz con las demandas de derechos derivadas de la Revolución francesa.[18]

---

[15] Carlos Massini, *op. cit.*, pp. 69-73.

[16] Pier Paolo Potinaro, "Aproximaciones", en *El realismo político*, Buenos Aires, Nueva Visión, 2007, pp. 19-20.

[17] *Ibidem*, p. 28.

[18] Anne-Marie Kappelli, "Escenarios del feminismo", en Georges Duby y Michelle Perrot (eds.), *Historia de las mujeres en Occidente. Siglo xIX*, Madrid, Taurus, 1993, pp. 521-522. También

El pensamiento ilustrado, al haber pretendido fundamentar la realidad únicamente en la razón humana, puso al hombre en el centro de todo cuanto existe, convenciéndolo de que su libertad y su voluntad son absolutas. El hombre absolutizado es el individuo, un ser que no ve más allá de sus intereses personales, quien busca ser independiente y autosuficiente, y afirma que la consecución de sus preferencias es el único motivo para participar en la vida social. Este individualismo de la razón es el caldo de cultivo para el feminismo.[19]

Igualmente, la Ilustración, al haber optado por apoyar la realidad únicamente en la razón humana, eliminó la fundamentación ontológica de la igualdad humana. Desde esta perspectiva, los seres humanos no somos iguales por naturaleza, pues, de hecho, no existe la naturaleza. Surge entonces la necesidad de sostener de algún modo la igualdad. Esto se hace a través de la igualdad ante la ley, un artificio de la razón que garantiza iguales posibilidades en el hacer para los individuos. A través de esta idea se hace viable, al menos en teoría, la convivencia social de los individuos.

El feminismo se desprende de ese modo de comprensión del ser humano, por ello entiende a la mujer como un individuo al que se debe garantizar una serie de derechos y libertades que le permitan alcanzar sus intereses personales en el marco de la sociedad. No obstante, siguiendo la lectura feminista, el orden sociopolítico creado por el varón le impide a la mujer perseguir sus intereses. La mujer se encuentra en una situación de desigualdad que debe acabar aun si ello significa pasar por encima del varón e incluso de ella misma.

La mujer se convierte en un absoluto para sí, rompiendo de este modo su relación con el varón. Centrados en el conflicto social, político, cultural y económico que surge en medio de la búsqueda individualista de sus intereses personales, el varón y la mujer se

---

Badinter expresa en su pensamiento esta relación entre feminismo e ilustración a la luz de la figura del marqués de Condorcet. Nos hemos referido al respecto en el segundo capítulo.

[19] *Cfr.* Celia Amorós, "Feminismo, filosofía y movimientos sociales", en *Feminismo y filosofía*, Madrid, Síntesis, 2000, p. 23; Anne-Marie Kappelli, *op. cit.*, pp. 521-522.

encierran en sí mismos dejando de lado la posibilidad de colaboración, reciprocidad y ayuda mutua. De esta manera, la mirada individualista trae consigo una noción conflictual de la sexualidad humana. El varón y la mujer son individuos aislados cuya búsqueda egoísta de los intereses personales los enemista. Pese a que las diferentes olas y corrientes del feminismo tienen planteamientos distintos,[20] el individualismo lo impregna todo, a tal punto que de la diferencia lleva a la ruptura de la relación entre el varón y la mujer. Con estas consideraciones sobre el feminismo, nos acercamos, en segunda instancia, a nuestras autoras.

La afinidad de Stein con el feminismo no es en principio clara.[21] La autora alemana tuvo un primer acercamiento a los movimientos feministas en su época universitaria, cuando participó en la Asociación Prusiana en favor del voto de la mujer. Ella se consideraba a sí misma una feminista radical porque defendía la igualdad de derechos entre el hombre y la mujer.[22] Empero, el interés por la cuestión

---

[20] Una primera división al interior del feminismo se da entre la corriente igualitaria y la corriente dualista. La primera afirma que la base de la igualdad se encuentra en la humanidad, mientras que la segunda defiende lo femenino. Las distintas corrientes y autoras toman postura en el marco de esta primera distinción (Kappelli, 1993, pp. 521-522).

[21] Sobre la interpretación del pensamiento de Stein en el marco del feminismo, hay diferentes posturas. En términos generales, podemos señalar dos vertientes: por un lado, quienes consideran a la autora alemana como una feminista cuya propuesta tiene un valor singular proveniente de los fundamentos filosóficos y teológicos; por otro, quienes encuentran en su pensamiento una opción para responder a interrogantes relacionados con la cuestión de la mujer sin enmarcarla en el feminismo. En la primera postura, podemos citar autoras como Cristina.María Ruíz-Alberdi, Georgina Tapia y Sophie Binggeli. En la segunda, encontramos a Anneliese Meis, Jacques Vauthier, Claire Marie Stubbeman, Katharina Westerhortsmann y Hanna-Barbara Gerl-Falkovitz.
En esta investigación, nos alineamos con la segunda postura. Sin embargo, comprendemos que el abordaje apropiado de esta cuestión requiere de un trabajo investigativo que excede los límites del interrogante aquí propuesto.
Para ampliar sobre esta debatida cuestión, *cfr.* Ezequiel García Rojo, "Edith Stein y el tema de la mujer", pp. 373-396; María Eliana Martínez, "Edith Stein y la formación de la mujer", *Cuadernos de teología*, vol. 2, núm. 1, 2010, pp. 60-74.

[22] Esta consideración no puede ser comprendida en términos de la actualidad. Hoy una feminista radical es aquélla que se identifica con una corriente de pensamiento fundamentada en las ideas de autoras como Kate Millet y Sulamith Firestone. Ellas imprimieron en la década de los 70 una nueva orientación a la mirada feminista sobre la base de tres categorías:

brotaba más del compromiso social que de una reivindicación feminista:[23] *Me indignaba por la indiferencia con que la mayoría de mis compañeros reaccionaban ante las cuestiones comunitarias: parte de ellos no hacían otra cosa en los primeros semestres que ir tras la diversión; a otros sólo les preocupaba lo que necesitaban para pasar el examen y más tarde asegurarse el pesebre. Desde este sentimiento de responsabilidad social me puse decididamente en favor del derecho al voto femenino.*[24]

El compromiso social se manifestaba correspondiéndole al pueblo y al Estado mediante el ejercicio de su profesión.[25] De allí que, habiendo dejado la militancia en el movimiento de mujeres, Stein se dedicara a la formación femenina. Mientras fue estudiante, dio clases a mujeres trabajadoras y, durante la guerra, dirigió el consultorio de orientación profesional femenino para estudiantes de la Universidad de Gotinga.[26]

Después de la conversión al cristianismo, la manera de acercarse a la cuestión de la mujer cambió.[27] La vida de la filósofa de Breslau

---

género, patriarcado y casta sexual. Adicionalmente, profundizaron en la relación entre poder, política y sexualidad, y cuestionaron la heterosexualidad. *Cfr.* Juan Sisinio Pérez, *Historia del feminismo*, cap. 8.

En una de sus conferencias de la mujer Stein, aclara a qué se refiere esa radicalidad, pues utiliza la categoría *movimiento feminista radical* para referirse a los movimientos con altas exigencias de igualdad de derechos entre hombres y mujeres. *Cfr.* Edith Stein, "Autobiografía", *op. cit.*, p. 303; Edith Stein, "Vida cristiana…", *op. cit.*, p. 330.

[23] Es de destacar que el compromiso social de Edith antes de su conversión manaba de su interés por temas como el de la empatía, al que dedicó su tesis doctoral. Este estudio ha sido comprendido como un paso fundamental para su encuentro con Dios, pues la empatía envuelve en sí el carácter espiritual, trascendente y abierto al otro del ser humano. *Cfr.* Francisco Javier Sancho y Julen Urkiza, "Una personalidad impactante y su significado", *op. cit.*, pp. 48-52.

[24] Edith Stein, "Autobiografía", *op. cit.*, p. 303.

[25] *Ibidem*, p. 302.

[26] María del Pilar Vila Grieira, *op. cit.*, p. 2.

[27] En una carta de 1931 a Calista Kopf, Stein da cuenta de su cambio de perspectiva: "Como estudiante y joven universitaria he sido feminista radical. Más tarde el asunto no me interesó lo más mínimo. Ahora busco, porque creo que ha de ser así, soluciones lo más objetivas posibles". *Cfr.* Edith Stein, "Carta 294 a Calista Kopf, Breslau, 8 de agosto de 1931", en *Obras completas I. Escritos autobiográficos y Cartas*, p. 938.

giraba en torno al conocimiento de Dios y al descubrimiento de su llamado. Antes de ingresar a la vida religiosa, continuó con su labor de formación femenina con la novedad introducida por la conversión: la formación ya no consistía en la mera transmisión de contenidos, sino en guiar a las almas en su camino de perfección en Dios.[28] La educación de las mujeres debía estar orientada al conocimiento y desarrollo de su especificidad anímica. También con un sentido político, "de tal modo que la mujer pudiera insertarse proactivamente en la vida pública, entendiendo por tal, no sólo una acción externa, sino buscando un movimiento interno",[29] que llevara a la mujer, a imagen de Dios, a dar de sí en la vida social.

En medio de la labor formativa, la pensadora alemana fue invitada por los círculos académicos de mujeres católicas a pronunciarse con respecto al tema de la mujer.[30] En las conferencias que resultaron de este llamado, presentó una respuesta a las cuestiones que apremiaban a las mujeres de su tiempo, la cual era fruto de la experiencia personal. Para ser maestra en la complejidad de lo que significa ser mujer, ella primero tuvo que descubrir en Dios su ser femenino. Su director espiritual, el Abad Rafael Walzer, veía cómo el llamado de Edith a implicarse en estas cuestiones se correspondía con su crecimiento humano. A pesar de las dificultades que había vivido en su carrera académica, en Cristo "ella vive plenamente la aceptación de su condición femenina, con el deseo profundo de llevarla a la plenitud. Ella siente la fuerza de su condición femenina y su vocación de

---

[28] Milagros María Muñoz Arranz, "Edith Stein (1891-1942): política y educación como herramientas de cambio social en favor de la mujer en los inicios del siglo xx", *Cuadernos de pensamiento*, núm. 34, Universidad Complutense de Madrid, 2021, pp. 96-100.

[29] Milagros María Muñoz Arranz, *op. cit.*, p. 106.

[30] "La asociación de maestras católicas la invita para que realice conferencias sobre el tema de la mujer. El jesuita Przywara consigue organizarle un viaje de conferencias por diversos países de Europa. Viajará por Alemania, Austria, Suiza, Francia, en ella se busca la conferenciante especializada que hable de la mujer y su significado en la sociedad. Ella se convierte en la portavoz de los esfuerzos promovidos por las mujeres católicas, dilucida aspectos oscuros y abre caminos nuevos" (Vila Grieira, 1998, p. 7).

maternidad ejercida en la enseñanza, en la formación, en el trato delicado con los otros, y en el cultivo de la vida espiritual".[31]

Vemos, entonces, que la filósofa de Breslau no es una pensadora feminista, su implicación en la cuestión de la mujer brota de una llamada divina, mas no del deseo de reivindicación individualista del feminismo. En efecto, en sus conferencias, Stein invita a las mujeres a dejar el individualismo que crea competencias con los varones en el deseo de alcanzar sólo metas personales. Para ella, las cuestiones sociales y la búsqueda de igualdad se resuelven desde el conocimiento y la acogida de la propia realidad esencial.[32] El varón y la mujer no son enemigos, sino compañeros de camino que, en su realidad esencial, se complementan.

La relación de Badinter con el feminismo está fuertemente marcada por el tiempo en el que ella formó su pensamiento, pues en su momento el feminismo tenía, aun dentro de sus variaciones, un rostro más definido y un mayor nivel de integración en la mentalidad social que en la época de Stein. La pensadora francesa heredó

---

[31] También agrega: "Raramente he encontrado un alma que reuniese en sí tantas cualidades eminentes, y con todo, era la sencillez y la naturalidad personificadas. Permaneció después de su conversión con toda su alma de mujer llena de sentimientos delicados, más bien maternales, sin darse aires de 'madre noble'" (Vila Grieira, 1998, pp. 6-7).

[32] Así lo manifiesta en una de sus conferencias de 1928:

En los comienzos del movimiento feminista se pronunció el slogan: *emancipación*. Eso suena a algo patético y a algo revolucionario: liberación de las cadenas de la esclavitud. Algo menos bruscamente formulada fue la exigencia: remoción de las ataduras que obstaculizan la formación de la mujer y su trabajo profesional, apertura de los caminos de formación *masculina* así como las diversas actividades profesionales. Liberadas debían ser las capacidades personales y las fuerzas de la mujer que, sin esas posibilidades de actuación, tendrían que atrofiarse de muchas maneras. El objetivo era, por tanto, algo *individualista*

[…] "La mujer pertenece a la casa", resonó por todas las partes contra las aspiraciones de las mujeres. Se temía que el cumplimiento de las reivindicaciones amenazase la especificidad femenina y la vocación natural de la mujer […] Nosotras hemos vuelto a ser conscientes de nuestra especificidad. Muchas que anteriormente lo rechazaban se han dado ahora cuenta de ello quizá dolorosamente, tras haber abrazado un oficio tradicionalmente masculino y haberse visto obligadas a una forma de vida y de trabajo inadecuadas a su esencia. (Edith Stein, 2003, p. 74).

las ideas feministas de los 60 y los 70. A ello, se le suma su fuerte compromiso con los ideales ilustrados. Dado que el feminismo brota de ellos, Badinter necesariamente tenía que comprometerse con la reivindicación igualitaria y la liberación feministas.

Sobre esa base, agregando algunos elementos particulares, la intelectual parisina consolidó su postura al interior del feminismo. Demarcó de manera tal su perspectiva que llegó a situarse críticamente frente al feminismo posterior a la década de los 80 que, al asumir una mirada diferencialista, retrocedió en la lucha por la igualdad sexual. Si el feminismo tiene dos grandes orillas, el universalismo y el diferencialismo, ella se ubica en la primera y combate la segunda.

En resumen, la mirada conflictual de Badinter sobre la relación entre maternidad y feminidad tiene como telón de fondo la interpretación conflictual de la diferencia sexual propia del feminismo. Stein se separa de éste, lo que le permite construir una mirada armonizadora de la relación entre maternidad y feminidad sobre la base de una visión complementaria de la diferencia sexual.

En el siguiente apartado, continuamos abordando la cuestión de la diferencia sexual como marco de comprensión para la relación que tejen las autoras entre maternidad y feminidad. Aquí analizamos la vinculación al feminismo como premisa de base, a continuación, estudiamos la particularidad del pensamiento de las dos autoras a partir de la fundamentación en el mito.

3. Mito y sexualidad

Tanto para Badinter como para Stein, el modo de entender la diferencia sexual afirma una comprensión de la realidad y un orden social sostenidos por la fe y el mito. Este tema nos lleva a la cuestión de la relación entre el mito y el *logos*. El primero, a simple vista, parece una fábula religiosa contraria a la racionalidad expositiva del segundo.

No obstante, el mito debe ser comprendido en su lógica propia.[33] Es una narración hallada que contiene en sí la misma verdad conocida desde el *logos*.[34] La narración mítica no tiene la intención de ser una mostración argumentativa de la realidad ni la crónica histórica de un conjunto de acontecimientos. Se propone ser creíble[35] y, en este sentido, entraña una experiencia de fe que configura una visión de la realidad.

En las conferencias sobre la mujer, Stein presenta una mirada de la sexualidad humana fundamentada en el mito de la creación del primer varón y la primera mujer del libro del Génesis.[36] La autora alemana lo interpreta en el marco de la revelación cristiana, busca la voluntad originaria de Dios para el varón y la mujer sobre la base de la fe[37] y tiene como horizonte la plenitud de lo humano en la persona de Cristo. En efecto, la reflexión en torno a los relatos de la creación viene acompañada del relato de la caída y sus consecuencias, así como de distintos pasajes del Nuevo Testamento que manifiestan cómo la sexualidad humana es recreada en el Hijo de Dios.[38] La creación, el pecado y la gracia son tres pilares de la antropología teológica que

---

[33] Hans-Georg Gadamer, *Mito y razón*, Barcelona, Paidós, 1997, p. 31.

[34] *Ibidem*, pp. 27-28.64.

[35] *Ibidem*, p. 26.

[36] El primer relato se encuentra en Gn. 1, 26-28, el segundo en Gn 2, 18-25. En "La misión de la mujer" y "La vocación del hombre y la mujer según el orden de la naturaleza y la gracia" hace alusión explícita a los pasajes, siendo ésta última la conferencia en que los comenta más detenidamente. En "El valor específico de la mujer en su significado para la vida del pueblo", "El *ethos* de las profesiones femeninas", "Fundamentos de la formación de la mujer" y "Vida cristiana de la mujer" presenta dos aspectos centrales que extrae del relato mítico: por un lado, la igual dignidad del varón y la mujer por ser imagen y semejanza de Dios, por otro lado, la complementariedad de los sexos.

[37] Hanna-Barbara Gerl-Falkovitz, "La cuestión de la mujer según Edith Stein", *op. cit.*, p. 757.

[38] En "La vocación del hombre y la mujer según el orden de la naturaleza y la gracia" a partir de pasajes como Mt 19, 1-12; Mc 10, 1-12; 1 Co 11, 3-16; 1 Co 7, 14-16; Ef 5, 22-33; 1Tm 2, 9-15, Stein muestra cómo en Cristo la vocación originaria de la mujer es restaurada y plenificada. Igualmente, en "El *ethos* de las profesiones femeninas", con base en el relato de la anunciación (Lc 1, 26-38) y en la presencia de María junto a la Cruz (Jn 19, 25), reflexiona en torno a la virgen como imagen de la feminidad perfecta.

sostienen y orientan la mirada steiniana de la sexualidad humana en el marco de la historia de la salvación.

De este modo, la alusión de Stein al mito de la creación expresa una visión de la realidad en su doble dimensión de aprehensión: natural y sobrenatural. Ella reconoce los límites de la razón natural y establece la necesidad de que ésta sea iluminada por la razón sobrenatural.[39] Así se hace necesaria una colaboración entre teología y filosofía, entre mito revelado y logos, que da cuenta de una cosmovisión cuyo centro y orden está en Dios.

Del primer relato de la creación, la autora alemana destaca la semejanza entre varón y mujer en su triple tarea común: ser imagen de Dios, generar descendencia y dominar la tierra; así como el anuncio de su diferenciación, cuyo sentido se esclarece en el segundo relato de la creación.[40] "No es bueno que el hombre esté solo. Voy a hacerle una ayuda adecuada a él":[41] es la voz de Dios que manifiesta, por una parte, su deseo de brindarle al varón una imagen especular para divisar su propia naturaleza, por otra parte, la complementariedad originaria de los sexos. La primera pareja humana vivía en una íntima comunidad de amor caracterizada por la colaboración en plena armonía de fuerzas.[42] El varón y la mujer eran como un ser único, cada uno, desde su diferencia, respondiendo al llamado de complementarse recíprocamente.[43]

---

[39] Edith Stein, "Fundamentación teórica de la formación de la mujer", *op. cit.*, p. 444.

[40] Edith Stein, "La vocación del hombre y la mujer…", *op. cit.*, p. 274.

[41] Gn 2,18, Biblia de Jerusalén, Desclée De Brower, Bilbao, 2017.

[42] Edith Stein, "La vocación del hombre y la mujer…", *op. cit.*, p. 275.

[43] El concepto de complementariedad recíproca es fundamental en la comprensión cristiana de la sexualidad humana. Sobre el aporte de Stein a la formulación de esta categoría, se puede consultar: Marc Timmermans, "Edith Stein et Jean-Paul II sur la différence sexuelle", pp. 235-250. Allí el autor identifica puntos de encuentro y líneas de continuidad entre el pensamiento de Stein y san Juan Pablo II sobre la complementariedad.
Adicionalmente, sobre la concepción steiniana de la diferencia sexual puede consultarse: Martine Gilsoul, "La différence sexuelle selon Edith Stein". Gilsoul ofrece una mirada a la concepción steiniana de la sexualidad en el marco de los debates contemporáneos relativos a la igualdad y la diversidad de género.

Desde este punto de partida teológico, Stein elabora su reflexión filosófica. Para ella, la diferencia sexual es ontológica.[44] "El núcleo interior de aquél que se configura como mujer o como varón es diferente",[45] lo que se expresa en todas las dimensiones de la persona humana. El varón y la mujer tienen una configuración interior distinta, tanto en la medida como en la relación de sus fuerzas afectivo-sensitivas y físico-corpóreas.[46] A su vez, la diferencia sexual es una manifestación de la alteridad humana,[47] de la apertura tanto del varón como de la mujer a ser con el otro.

De ello se deriva un orden social en el que el varón y la mujer deben colaborar en el marco de la ayuda mutua y la reciprocidad, cada uno poniendo sus características singulares al servicio del otro y del cuerpo social.

Badinter, por su parte, hace su propia lectura histórica de la sexualidad teniendo como punto central la Revolución francesa. De acuerdo con ella, en los grupos sociales del paleolítico, existía un modelo de complementariedad, *el uno y el otro*, basado en una adecuada división sexual del trabajo. Luego vino el modelo, *el uno sin el otro*, caracterizado por un patriarcado absoluto, un orden donde los varones detentaban el poder con base en un sistema valores en que la figura paterna de Dios tuvo un lugar fundamental. Finalmente, la Revolución francesa trajo el modelo de la androginia, *el uno es el otro*,[48] con el que el patriarcado absoluto entró en una agónica desaparición.

---

[44] En el cuarto apartado del segundo capítulo de esta investigación, exponemos más detenidamente la manera en la que Stein llega a afirmar que la diferencia sexual es una realidad ontológica.

[45] Ana María Sanguineti, *Varón y mujer: Hacia la confluencia de dos mundos: claves antropológicas para la conciliación vida familiar-trabajo extradoméstico, desde el pensamiento de Edith Stein*, San José, Promesa, 2004, p. 27 (en adelante, la obra será citada como *Varón y mujer…*).

[46] *Ibidem*, p. 33.

[47] Un estudio muy completo sobre la alteridad en el conjunto del pensamiento de Edith Stein se puede consultar: en Thibault Van Den Driessche, *L'alterité: Fondement de la personne dans l'oeuvre d'Edith Stein*.

[48] En el segundo apartado del capítulo primero, hemos hecho una presentación más completa de esta lectura histórica de la sexualidad.

Si bien, la Revolución francesa es el punto de quiebre que da paso a la realización del tercer modelo, la androginia es una realidad humana cuyo origen es anterior a los tres modelos. Aquí, la autora francesa introduce el mito del andrógino narrado por Aristófanes en el *Banquete* de Platón,[49] quien presenta al andrógino como una figura redonda compuesta de dos mitades heterogéneas, la masculina y la femenina. Una vez que es separado en la mitad, el andrógino deja de existir, dejando dos seres completamente varones o mujeres, sin su naturaleza dual.[50] Sin embargo, Badinter propone una nueva interpretación: en lugar de afirmar la radical separación entre las partes, la división de las mitades origina dos criaturas andróginas, con mezcla, a imagen de la primera.[51] Estas dos criaturas son el varón y la mujer.

Con base en la explicación mítica de la estructura andrógina humana, Badinter desarrolla su mirada de la sexualidad tomando aportes de la sociología, la antropología cultural y la psicología. La autora toma la noción de bisexualidad de autores como Sigmund Freud[52] y Christian David,[53] junto a algunas clasificaciones psicológicas de las

---

[49] Platón, *Banquete*, Madrid, Gredos, 1997, 189d-193c; Élisabeth Badinter, *El uno es el otro*, p. 198.

[50] Élisabeth Badinter, *El uno es el otro*, p. 199.

[51] *Ibidem*, p. 200.

[52] Sigmund Freud (Příbor, 06.05.1856-Londres, 23.10.1939) es el padre del psicoanálisis. Sus innovadores métodos de acceso a la mente humana dieron paso al estudio del inexplorado inconsciente. El pensamiento de este autor es de particular importancia para la pregunta por la mujer, con sus métodos indagó por la constitución de lo masculino y lo femenino, y sus conclusiones influenciaron en adelante las reflexiones en torno a la sexualidad.
La teoría psicoanalítica parte de la estructura edípica del inconsciente. Las relaciones que se gestan entre el padre, la madre, el hijo y la hija determinan el proceso de asunción de la propia sexualidad. Desde esta perspectiva, la feminidad se define de manera negativa frente a la masculinidad. *Cfr.* Françoise Collin, "Diferencia y diferendo: La cuestión de las mujeres en la filosofía", en Georges Duby y Michèle Perrot (eds.), *Historia de las mujeres. El siglo xx: La nueva mujer*, Madrid, Taurus, 1993, pp. 293-322.

[53] Christian David (París, 08.04.1929-2.10.2013) es un psicoanalista francés reconocido por sus estudios sobre la bisexualidad. Badinter resalta que la novedad de su pensamiento se encuentra en haber señalado que el interés por la bisexualidad no se relaciona únicamente con un cambio sociocultural, sino que invita a repensar el equilibrio dialéctico de lo masculino y lo femenino en su conjunto. *Cfr.* Élisabeth Badinter, *El uno es el otro…*, pp. 204-206.

etapas del desarrollo humano[54] para afirmar la necesidad de que el ser humano tenga integrada la identidad bisexual que se deriva de la androginia originaria. Para la intelectual parisina, nacemos con una indeterminación sexual y vamos construyendo psicológica y socioculturalmente una identidad sexuada, ya sea masculina o femenina, que no se determina por los órganos genitales.[55] Llegado a un punto del desarrollo psicológico, se da la reconciliación con la identidad sexuada que se ha presentado como contraria. La plenificación de la androginia es el desenlace de este proceso de maduración e interiorización de la dualidad humana. Es el culmen de la construcción individual.

La androginia, entonces, no es ni masculinización de lo femenino, ni feminización de lo masculino, tampoco es neutralidad ni fusión. El andrógino

> alterna la expresión de sus dos componentes según sean las exigencias del momento [...] la identidad andrógina permite un ir y venir de las cualidades masculinas y femeninas que no puede compararse con la economía de la separación y la distancia de antaño, ni con la ecología de la fusión. Se parece a un juego de elementos complementarios, cuya intensidad varía de un individuo a otro. Una vez interiorizada la identidad sexual, cada uno juega con su dualidad a su manera.[56]

La relación que Badinter propone entre mito y *logos* conlleva tres contradicciones con su sistema de pensamiento. En primer lugar, hay una contradicción entre la alusión al mito y los ideales ilustrados. El racionalismo de la Ilustración buscaba dejar atrás cualquier explicación religiosa de la realidad, no obstante, al mismo tiempo, llegó a constituir una fe en las posibilidades de la razón humana. Desde esta perspectiva,

---

[54] Élisabeth Badinter, *XY. La identidad masculina*, p. 201.

[55] *Ibidem*, p. 202.

[56] *Idem*.

queda anulada toda posibilidad de encontrar en el mito una puerta de acceso a la realidad. El esfuerzo del racionalismo cientificista por hacer del conocimiento del mundo algo exclusivamente calculable y dominable mediante el saber hace del mito una realidad puramente fantasiosa,[57] contraria a la verdad. Entonces, pese a que la pensadora se adhiere al racionalismo ilustrado, a la hora de exponer sus ideas sobre la sexualidad humana, ve la necesidad de volver al mito como punto de acceso a la realidad del cual se despliega una reflexión lógica.

En segundo lugar, la realidad humana manifestada en el mito entra en contradicción con la negación de Badinter de cualquier aspecto natural u originario en el ser humano. Por una parte, es necesario mencionar que Aristófanes, al introducir el mito, explica que trata sobre la naturaleza humana y las modificaciones que ha sufrido.[58] Por otra parte, la autora afirma que las dos creaturas resultantes de la división de la primera tienen en común una memoria arcaica anterior a la separación: la androginia es una característica de la estructura humana revelada en la noche de los mitos, mientras que la diferencia es aprendida.[59] Si bien, sostiene desde la psicología, que la vivencia plena de la androginia requiere de un proceso de construcción identitaria, éste va en la línea del reconocimiento, la apropiación y el desarrollo de la realidad originaria expresada en el mito.

En tercer lugar, la referencia al mito entra en contradicción con la explicación del origen del patriarcado, el cual se estableció en su forma absoluta con la revolución religiosa en que las divinidades masculinas —Brahma, Yahvé, Zeus y Júpiter— se impusieron como los padres de la humanidad.[60] El mito se enmarca en esa visión del mundo que ella misma critica. Es más, en tanto que Zeus fue quien dividió a los andróginos en la mitad, también es el padre de los andróginos duales.

---

[57] Hans-Georg Gadamer, *op. cit.*, p. 18.

[58] Platón, *Banquete*, 189d.

[59] Élisabeth Badinter, *El uno es el otro…*, pp. 199-200.

[60] *Ibidem*, p. 144.

Ahora bien, en el apartado anterior, hemos dicho que la vinculación de las autoras al feminismo provee una premisa de partida para la comprensión de la diferencia sexual. Badinter es una feminista que asume el individualismo, la noción de igualdad y la conflictividad en la diferencia sexual propios del feminismo. Particularmente, el compromiso con la igualdad la llevó a recurrir al mito como modo de fundamentación de esta noción que la ilustración había dejado vacía. Bajo la interpretación psicológica de la androginia, el varón y la mujer son iguales en tanto que construyen su identidad sexual de acuerdo con sus preferencias individuales. En este sentido, la androginia badinteriana es un modelo individualista de la diferencia sexual. Sin importar si se identifica como varón o mujer, el individuo se pliega sobre sí mismo en la construcción de su propia identidad. El encuentro con la diferencia lo lleva a incorporarla en sí, de modo tal que se pierde el horizonte del otro y se regresa al modelo patriarcal criticado por la autora: *el uno sin el otro*. Sólo queda un yo que, en las diversas circunstancias, saca a relucir aquellos aspectos del otro que ya no son del otro porque los ha tomado para sí.

Stein, por su parte, se separa del feminismo y constituye una postura donde la diferencia sexual es comprendida en el marco de la complementariedad y la reciprocidad. Para ella, tanto la semejanza como la diferencia entre varón y mujer son ontológicas. Ambas son realidades que coexisten, ninguna tiene por qué disminuir o debilitar a la otra. Antes bien, ser diferentes los lanza al encuentro con el otro desde lo más hondo del ser.[61] Esto es lo característico del modelo relacional de la diferencia sexual de esta pensadora.

---

[61] Sin esa clave relacional, la complementariedad podría confundirse con la búsqueda de la completitud manifestada en el mito del andrógino. En "La différence sexuelle selon Edith Stein", Martine Gilsoul señala esta distinción en la comparación del mito de la creación con el del andrógino. Además de esta distinción entre complementariedad y completitud, Gilsoul presenta otras tres diferencias relevantes:

1. En el relato bíblico, la diferencia sexual es una bendición que da la vida, no una nostalgia de la unidad perdida.

Sobre esta comprensión de la sexualidad humana, cada autora teje la relación entre maternidad y feminidad. En el próximo apartado, nos acercamos a esta relación a partir de las nociones de naturaleza y libertad.

4. La mujer libre

La reflexión en torno a la mujer está atravesada por la relación entre naturaleza, libertad y maternidad. Dependiendo de cómo se comprenda a la mujer, se entenderá de qué manera ella es libre. Si se afirma que la mujer *es* por naturaleza, entonces ella será libre sólo si vive de acuerdo con su ser. Por ejemplo, si se sostiene que la mujer es madre por naturaleza, ella será libre en la medida en que viva su maternidad. El grado de libertad aumentará en tanto incremente la aprehensión existencial del propio ser. Por el contrario, si se asegura que la mujer no *es* por naturaleza, ella será libre de acuerdo con el contenido que ella misma le dé a su ser. En esta perspectiva, se confunden libertad y supremacía de la voluntad: ser libre es vivir únicamente de acuerdo con lo que se quiere.

Pese a que lo largo de la historia del pensamiento se han propuesto distintas maneras de comprender el ser de la mujer,[62] la

---

2. En el Génesis, la mujer es creada, si bien de la costilla de Adán, pero de manera separada del hombre, por Dios. En el mito platónico, la mujer es una mitad que resulta de la separación del hombre.

3. En el mito platónico, la diferencia parece un accidente que le sucede a un tercio de los seres, mientras que en la Biblia es una realidad querida, necesaria y positiva (Gilsoul, "La différence sexuelle selon Edith Stein", p. 3).

[62] Al respecto, podemos citar tres obras en las que se recopilan con distintos criterios las ideas de diferentes pensadores sobre la mujer: Rosemary Agonito (ed.), *History of Ideas on Woman: A Source Book*, Nueva York, Putman, 1979; Linda A. Bell (ed.), *Visions on Women*, Nueva Jersey, Human Press, 1983; Prudence Allen, *The Concept of Woman: The Aristotelian Revolution, 750 B.C-A.D. 1250*, Grand Rapids: Wm. B. Eerdmans Publishing Co., 1997; Prudence Allen, *The Concept of Woman: The Early Humanist Reformation, 1250-1500*, Grand Rapids, W. B. Eerdmans Publishing Co., 2002; Prudence Allen, *The Concept of Woman: The Search for Communion of Persons, 1500-2015*, Grand Rapids, W. B. Eerdmans Publishing Co., 2017.

maternidad suele ser un tema que sale al paso en esta cuestión. El hecho de que las mujeres tengan la capacidad de gestar la vida es un dato fundamental que se puede comprender, o bien, como el núcleo de lo propiamente femenino; o como un agregado biológico que no le da contenido a lo que significa ser mujer. En este sentido, la mujer libre puede ser aquélla que vive conforme a su naturaleza maternal o aquélla que negando la naturaleza maternal vive de acuerdo con el contenido que ella misma quiera darle a la feminidad, sea que ello incluya la maternidad o no. En el primer caso, tenemos una postura armonizadora para la que vivir la maternidad es lo propio de la mujer libre; en el segundo caso, la maternidad tiende a ser sinónimo de esclavitud y causa de conflicto para la mujer.[63]

---

[63] Esta segunda postura es propia del feminismo. En efecto, los feminismos de entre las décadas de los 50 y los 70, para los que la liberación femenina tiene como paso previo la negación de cualquier idea de naturaleza: la mujer libre no tiene que responder a un destino prestablecido por su biología. Simone de Beauvoir es una pensadora paradigmática en ese aspecto:

> En tiempos de santo Tomás, [afirma Beauvoir] se presentaba como una esencia definida con tanta seguridad como las virtudes somníferas de la adormidera. Sin embargo, el conceptualismo ha perdido terreno: las ciencias biológicas y sociales ya no creen en la existencia de entidades fijadas de forma inmutable que definan caracteres dados como los de la mujer, el judío o el negro; consideran que el carácter es una reacción secundaria ante una *situación*. Si ya no hay feminidad, será porque nunca la hubo. ¿Quiere eso decir que la palabra "mujer" no tiene ningún contenido? Es lo que afirman enérgicamente los partidarios de la filosofía de la ilustración, del racionalismo, del nominalismo: las mujeres son aquellos seres humanos que reciben arbitrariamente el nombre de "mujer" (Allen, 1997, p. xx).

Así se tendió a eliminar cualquier tipo de fundamento filosófico para la sexualidad, reduciéndola a una realidad biológica con un ropaje sociocultural. La distinción entre lo biológico y lo cultural se cristalizó en dos categorías: sexo para el dato biológico y género para el constructo sociocultural derivado del sexo.

En la década de los 80, se profundizó la división y se asumió que sexo y género eran realidades susceptibles de ser moldeadas, deconstruidas y reconstruidas de acuerdo con la identificación psico-afectiva del ser humano (Allen, *The Concept of Woman: The Aristotelian Revolution*, p. xx). De esta manera, las fronteras de lo masculino y lo femenino se diluyeron y con ello la sexualidad dejó de ser una realidad dada en el ser corpóreo-anímico para reducirse a una cuestión de identificación personal que no necesariamente requiere de categorías identificatorias. En consecuencia, la libertad femenina se comprendió como independencia del orden biológico y natural y como autonomía en la expresión de un orden propio e individual en la identidad de género. Una autora remarcable en esta línea de pensamiento es Judith Butler, quien en *El género en disputa* defiende la necesidad de constituir la identidad fuera

Ahora veamos la postura de nuestras autoras al respecto. Para Élisabeth Badinter, la categoría clave en la comprensión de la mujer es la identidad femenina. Por su raíz culturalista beauvoiriana y con base en la idea de la androginia, ella niega cualquier realidad natural o esencial en la mujer. Antes bien, el contenido de su identidad varía dependiendo de los roles y las responsabilidades asumidos por ella tanto en la esfera pública como en la esfera privada.[64] Ella se hace en la consecución de sus ambiciones personales.

De allí que la mujer libre sea aquélla que, dejando de lado todas las falsas ideas de lo que significa *ser mujer*, constituya su propia identidad de acuerdo con sus ambiciones personales. Para Badinter, la idea de naturaleza históricamente construida sobre la capacidad maternal de sacrificio llevó a la mujer a vivir esclavizada a una forma de vida que *eligió*, pensando ilusoriamente que sólo así sería feliz.[65] La mujer es libre en tanto se desligue de la idea de que el vínculo entre maternidad y feminidad es la clave dada por la naturaleza para su felicidad. De hecho, entre la mujer y la madre no hay vínculo alguno,[66] hay un conflicto:[67] la identidad femenina, delineada a partir de las ambiciones personales de cada mujer, se contrapone a la identidad de la madre, constituida por la idea de un amor sacrificado hacia

---

de las categorías binarias del sexo y el género. La autora invita a dejar el pensamiento de la diferencia para darle *libertad* a la construcción variada de la diversidad sexual fuera de las interpretaciones culturales derivadas del sexo y el género.

[64] Élisabeth Badinter, *La mujer y la madre...*, pp. 145-147.

[65] Élisabeth Badinter, *¿Existe el amor maternal?*, p. 223.

[66] En este aspecto es importante tener presente que, en *¿Existe el amor maternal?*, Badinter, en primer lugar, reduce la maternidad a una realidad instintiva y, en segundo lugar, niega su existencia afirmando que el instinto maternal es un mito creado en el siglo xix para poner sobre los hombros de la mujer el peso de la responsabilidad por sus hijos. En este sentido, para la intelectual francesa, si existiera un vínculo entre feminidad y maternidad, sería de carácter ideológico, sin ningún asidero en la realidad de las mujeres.

[67] Para Badinter, la llegada de la anticoncepción profundizó el conflicto. Al desligar la maternidad de la sexualidad y del matrimonio, ser madre deja de ser clave en la autorrealización femenina. La maternidad se convierte en una de muchas opciones de vida para la mujer y se abre un espacio para la diversificación del contenido de la identidad de la mujer. *Cfr.* Élisabeth Badinter, *La mujer y la madre...*, p. 19.

el hijo.[68] Esta contraposición es resultado de los discursos ideológicos que han hecho de la vida de la madre un anhelo aniquilante de cualquier ambición de la mujer.

Así, Badinter se inscribe en la línea de pensamiento que, al negar la existencia de la naturaleza femenina, afirma que la categoría de *mujer* puede ser llenada de contenido, en este caso, sobre la base de las ambiciones personales. La libertad femenina depende del alcance de dichas ambiciones, entre las cuales no necesariamente se encuentra la maternidad. Ésta es una opción válida para la mujer libre sólo si ha sido elegida fuera de los discursos ideológicos en torno a ella y sin reñir con las ambiciones personales.

Para la autora, la relación entre naturaleza femenina, libertad y maternidad es conflictiva. Afirmar la existencia de la naturaleza es negar la libertad al esclavizar a la mujer a la maternidad. Buscar la libertad requiere negar la naturaleza y quitarle con ello su lugar a la maternidad. Optar por la maternidad en libertad sólo es posible negando la naturaleza y compaginando esa opción con las ambiciones personales.

Contrario a Badinter, Stein parte de la existencia de la naturaleza femenina, no como una realidad exclusivamente biológica, sino fundamentalmente ontológica y metafísica.[69] La pensadora alemana sintetiza esta idea en la categoría de especificidad femenina. La especie es la particularización que acontece en el alma humana, dándole una orientación sexual a la estructura personal. Ser varón o ser mujer no es una cuestión de gusto o identificación, es una realidad dada

---

[68] *Ibidem*, p. 157.

[69] Con respecto a la división entre sexo y género, es importante señalar que la pensadora alemana vivió en una época anterior al establecimiento de aquélla. No obstante, la comprensión de la sexualidad de la autora no admitiría esa dualidad categorial. Si bien, la sexualidad tiene una expresión biológica y una resonancia cultural, su fundamento es ontológico. De entrada, ello se hace evidente en la idea de complementariedad recíproca. Varón y mujer son seres en relación cuyas características identificatorias se desprenden del orden originario. Al respecto, se puede consultar: Jacques Vauthier, "La teoría de género y la filosofía de Edith Stein", *Humanitas*, núm. 82, 2016, pp. 372-375; Katharina Westerhortsmann, "On the Nature and Vocation of Woman".

en el ser con unas características configurantes concretas, en donde ser compañera y madre es lo constitutivo de lo femenino. La mujer cuenta con un equipamiento anímico que la lleva a unirse vitalmente, como una madre, a todo ser humano y a ser apoyo para el otro; como la esposa, en cualquier tipo de relación o situación.[70]

Para la filósofa alemana, la libertad es la capacidad de la persona humana de poseerse a sí misma en orden a llegar a ser lo que ella debe ser. Esta noción de libertad está soportada en dos premisas:

1. El ser humano es un ser de devenir a quien se le ha dado la tarea de llegar a ser.[71]
2. Quien llega a ser depende de su ser, todo ser humano tiene un dinamismo tendencial hacia la perfección de sus facultades dado en la forma interna del alma.[72]

Ser libre, entonces, implica penetrar en el más profundo centro del alma, núcleo de la persona y raíz de la libertad humana, para conocer lo esencial de su ser y, adueñándose de sí, orientarse de acuerdo con aquello que lleva inscrito en la naturaleza.[73]

Si la especificidad femenina es una realidad que acontece en el alma, para ser libre, la mujer debe entrar en sí misma, conocer su alma y, adueñándose de ella, ser en el despliegue de las posibilidades configurantes de su ser femenino.[74] En la especificidad, están las posibilidades y los límites de aquello que la mujer puede llegar a ser. Si ella desconoce las particularidades de su ser, carecerá de libertad,

---

[70] Ana María Sanguineti, *op. cit.*, p. 41.

[71] Ezequiel García Rojo, "Edith Stein: No hay persona sin libertad", en Francisco Javier Sancho Fermín (dir.), *Edith Stein: antropología y dignidad de la persona humana*, Ávila, Universidad de la Mística, 2009, pp. 74-75.

[72] Francesc Torralba Roselló, "Fundamentos teológico-antropológicos de la *Bildung*", en *Formar personas: La teología de la educación de Edith Stein*, Madrid, Biblioteca de Autores Cristianos, 2020, pp. 228-229.

[73] "El alma debe 'llegar hasta sí misma' en dos sentidos: conocerse a ella misma y llegar a ser lo que ella debe ser. Su libertad participa en estas dos operaciones" (Stein, 2007, p. 1019).

[74] Ezequiel García Rojo, "Edith Stein y el tema de la mujer", p. 379.

pues, ¿cómo podrá adueñarse de aquello que ignora?, ¿cómo podrá orientar una realidad que niega? La mujer pierde la libertad de *poder hacer de sí* cuando se olvida de sí. El conocimiento, la acogida, el dominio y el despliegue de la especificidad es el núcleo de la libertad femenina. Negar la especificidad constitutivamente maternal es perder la libertad.

Stein se inscribe en la línea de pensamiento para la cual la relación entre naturaleza, libertad y maternidad es de suyo armónica en tanto que se refiere a un orden. La mujer es por naturaleza; su libertad consiste en decidirse a ser quien es para vivir en la plenitud del orden natural expresado en su especificidad de entrega maternal. La mujer es libre siendo madre, siendo con el otro y para el otro.

Tenemos, entonces, en Stein una comprensión de la feminidad y la maternidad caracterizada por un orden en el ser dador de libertad, en donde la mujer es un ser para el otro y con el otro. Badinter se centra en el hacer identificatorio que pone en conflicto libertad, feminidad y maternidad; la mujer es libre en tanto que vive como un individuo cerrado que se realiza en sus ambiciones personales.

En el próximo apartado, ponemos en diálogo estos modos de comprensión de la relación entre feminidad y maternidad en orden a descubrir cómo la noción conflictual presentada por Badinter puede ser llevada a la armonía de la visión steiniana.

5. La mujer feliz

En *La mujer y la madre,* Élisabeth Badinter aborda una problemática fundamental para toda mujer: ¿se puede ser feliz siendo madre? La autora francesa parte de una comprensión de felicidad en clave de realización personal, ser feliz es vivir conforme a las ambiciones personales. Para ella, las mujeres obtuvieron la libertad de vivir de acuerdo con sus ambiciones personales una vez que dejaron de lado la idea de que la maternidad era su destino único. Sin embargo, esta libertad se convirtió en una fuente de contradicción en tanto que la maternidad elegida libre y voluntariamente empezó a implicar responsabilidades crecientes, cada vez más difíciles de reconciliar con la realización personal.[75] En las sociedades modernas, marcadas por el hedonismo y el individualismo, ello se expresa en tres contradicciones:[76]

1. Contradicción social: En una sociedad donde se espera que todos tengan carreras exitosas, la madre de tiempo completo es dejada a un lado. Dado que su ocupación no requiere ningún tipo de cualificación, se presume que carece de una identidad profesional y que gasta sus días sin hacer nada.
2. Contradicción conyugal: Las exigencias de la paternidad son tales que las parejas descuidan su relación y el hijo termina siendo causa de separación.
3. Contradicción personal: La sociedad moderna ha llenado a las madres de nuevas responsabilidades y ha reproducido una imagen de la maternidad como medio para el alcance de la plenitud femenina. En un mundo con tantas posibilidades para las mujeres, aquéllas que no se identifiquen plenamente con la maternidad entrarán en una contradicción entre el amor por el hijo y la consecución de los deseos personales. Aun quienes eligen al hijo como un medio de autorrealización terminan descubriendo que él es el principal impedimento.

Badinter respondió ante estas contradicciones señalando la necesidad de reformulación de la identidad femenina. En un mundo hedonista e individualista, que ha creado una imagen de la mujer autorrealizada en la maternidad, se hace necesario replantear lo

---

[75] Élisabeth Badinter, *La mujer y la madre…*, pp. 11-13.

[76] *Ibidem*, pp. 147-145.

femenino para volver a poner a la madre en su lugar: el de una entre muchas opciones disponibles para la realización personal de la mujer. No obstante, surge la inquietud; ¿el conflicto de la mujer se resuelve haciendo a un lado a la madre?

Desde el pensamiento de Edith Stein, vislumbramos otro camino de solución para el conflicto a partir de tres consideraciones. La primera consiste en distinguir entre dos niveles de abordaje del conflicto, el ontológico y el existencial. Que, para la mujer, la maternidad se presente como una fuente de contradicción en las circunstancias espaciotemporales, contextuales, personales, sociales —nivel existencial— no necesariamente quiere decir que en el ámbito del ser —nivel ontológico— en efecto haya una contradicción.

Los dos niveles están relacionados entre sí. El nivel existencial es expresión del ontológico, aquello que se vive en la existencia se desprende y se corresponde con las posibilidades del propio ser. Así, si la contradicción se encuentra en el nivel ontológico, necesariamente se expresa en el nivel existencial y, si se presenta únicamente en el nivel existencial, una mirada al nivel ontológico puede iluminar vías de resolución. Por este motivo, si es claro que el conflicto tiene lugar en el nivel existencial, habrá que preguntarse si existe en el nivel ontológico.

Ello nos lleva a considerar, en segundo lugar, si la feminidad es o no es una realidad ontológica. Negar el carácter ontológico de la feminidad es afirmar, de entrada, que el conflicto corresponde al nivel existencial con la consecuencia de que la solución cae en el relativismo de depender de los contextos, las sociedades, los momentos, los pareceres, las culturas. En último término, depende de cómo la mujer pacifique su existencia, dándole contenido a ésta desde su criterio individual. Ésta es la vía tomada por Badinter al proponer la redefinición de la identidad femenina, la cual es dejada al vaivén de las ambiciones personales de la mujer. La negación del carácter ontológico de la feminidad no es en sí misma una solución al conflicto, antes bien, es una negación de éste. Negando a la mujer, desaparece la contradicción.

Por su parte, la afirmación de la feminidad como una realidad ontológica nos lleva a una tercera consideración respecto a su relación con la maternidad. Si sostenemos que la mujer *es*, ¿cuál es el contenido de ese *ser*?, ¿se corresponde o se contrapone con la maternidad? En este punto, es indispensable destacar que la feminidad en tanto ontológica abarca a la mujer en la totalidad de su ser corpóreo-espiritual. "Allí donde los cuerpos están configurados de un modo tan profundamente distinto —en todo el conjunto de la naturaleza humana—, allí también debe darse un tipo distinto de alma".[77] En consecuencia, si la mujer está biológicamente dispuesta para la maternidad, también su alma debe tener impresa esa disposición. Esto implica que la maternidad también es una realidad ontológica. Así, sostener que el conflicto es ontológico sería contradictorio, pues significaría que la mujer es algo que no la deja ser lo que es. Por tanto, entre la mujer y la madre no puede haber conflicto ontológico, hay armonía en el ser.

En efecto, la especificidad femenina se caracteriza por el singular modo de amar.[78] La mujer tiene un profundo deseo de dar y recibir amor, que expresa en la capacidad de poner su existencia al servicio de la existencia de otro.[79] Ella se da a sí misma siendo soporte existencial para quienes se encuentran a su alrededor y, subordinando sus intereses a los de aquéllos a quienes ama,[80] se entrega acogiendo en sí la vida de otros, y encuentra en ello su plenitud personal.

---

[77] Edith Stein, "El *ethos* de las profesiones femeninas", *op. cit.*, p. 163.

[78] Anneliese Meis se refiere al fundamento teológico de la especificidad femenina caracterizada por este singular modo de amar. Para ella, Stein logró dejar en evidencia a partir de la noción de *Gemüt* —entrañeza, alma del alma— a la que la mujer tiene una destacada capacidad de acceder, que lo propiamente femenino es reflejo vivo del arquetipo trinitario, particularmente en la persona del Espíritu Santo (Meis, 2010, pp. 35-36).

[79] Katharina Westerhorstmann, "Pro-Existence *and* Self-Realization. Edith Stein's Studies on Womanhood", p. 8.

[80] *Ibidem*, p. 5.

Esto también es lo característico de una madre. El amor materno es un lazo de unidad en el sostenimiento y custodia de la vida, que vincula en la entrega de la propia existencia. Ser mujer definitivamente es ser madre.

Estas consideraciones nos llevan a plantear una inquietud adicional. Si maternidad y feminidad se corresponden ontológicamente, a tal punto que la mujer encuentra su plenitud siendo madre —no sólo en lo biológico, sino también en lo espiritual—, ¿qué pasa en el nivel existencial? El pensamiento de Stein nos ofrece, a su vez, dos claves que contribuyen a que la armonía ontológica se manifieste en el nivel existencial. Estas claves, como es característico de la reflexión de la autora, son comprensibles desde la filosofía, no obstante, adquieren plenitud de sentido únicamente desde la mirada teológica.

La primera clave es el conocimiento de sí. La mujer necesita conocerse en cuatro niveles:

1. Genérico: conocer lo propio la naturaleza humana compartida con los varones.
2. Específico: conocer aquello que la distingue del varón.
3. Típico: conocer los rasgos de la vocación para la creatividad que se expresan en el ámbito profesional, así como rasgos comunes que vinculan a la mujer a un conjunto más amplio.[81]
4. Individual: conocer las singularidades únicas en las que se expresan los tres niveles anteriores.

Se requiere, entonces, un conocimiento que va de la generalidad de la esencia humana hacia las particularidades de la especie, el tipo y la individualidad. En la medida en que la mujer se adentra en el conocimiento de sí misma, descubre, por un lado, que, si lo propio de ser mujer es ser madre, entonces la maternidad no es fuente de conflicto, sino posibilidad de planificación. Por otro lado, al encontrarse

---

[81] Edith Stein, "Problemas de la formación de la mujer", *op. cit.*, p. 504.

con sus características típicas e individuales, la mujer halla su modo particular de ser madre. En el conocimiento del complejo tejido de su ser, la mujer descubre cómo está llamada a vivir su maternidad.

Ese descubrimiento requiere del cultivo de la vida interior. Conocer la especificidad, el tipo y la individualidad es explorar el alma. Aunque el conocimiento filosófico penetra en muchas realidades del alma, para Stein, el camino que conduce a lo más profundo de intimidad anímica es la vida espiritual en Dios. Sólo en Él, el ser humano puede esclarecer su misterio, pues sólo el Creador revela a la creatura lo oculto en su interior. Dios es la luz y el espejo en el que el ser humano puede conocerse en plenitud.[82]

Así, la mujer debe conocer su ser desde la generalidad de la humanidad hasta la singularidad de la individualidad, para descubrir la felicidad en su modo propio de ser madre. Un descubrimiento al que sólo se llega en plenitud en la relación de conocimiento y amor con el ser divino.

La segunda clave es la formación. La mujer es persona humana, puede y debe ejercer señorío sobre sí misma, orientando en libertad "la naturaleza humana en su troquelado específicamente femenino e individual".[83] No obstante, en este punto surge un inconveniente: ¿cómo saber cuál es el modo correcto de orientarse? Para Stein, la existencia humana tiene como horizonte la plenitud, es decir, la realización de las facultades humanas. Esta tendencia está acompañada de dos elementos:

---

[82] En este aspecto, la pensadora alemana alude a la experiencia espiritual de santa Teresa de Jesús, quien en *Las Moradas* presenta el alma como un castillo que es conocido por su morador a través de la vida de oración. En efecto, la autora presenta su estudio de la obra teresiana como un apéndice de su obra *Ser finito, ser eterno*, cfr. Edith Stein, "Ser finito, ser eterno. Apéndice I. El Castillo interior", en *Obras completas III. Escritos filosóficos*, pp. 1113-1136.

[83] Para Stein, es característico de la persona ser responsable de sí. Del hombre "depende lo que él es, y que se le exige de él algo concreto: puede y debe formarse a sí". Ello forma parte de lo fundamental de ser persona: ser un yo libre y espiritual dueño de sí. *Cfr.* Edith Stein, "Estructura de la persona humana", *op. cit.*, p. 648; Edith Stein, "Problemas de formación de la mujer", *op. cit.*, p. 508.

1. La fuerza vital que impulsa al ser humano a su desarrollo, la cual debe ser administrada por el yo en su libertad.
2. El arquetipo, la imagen originaria imprescindible para guiar el desarrollo del ser. Sin conocer o, aunque sea, entrever el arquetipo; el ser humano no sabe cómo aproximarse a su perfección.[84]

La mujer en tanto persona humana tiene como fin la plenitud y cuenta con la fuerza vital para dirigirse hacia ello. No obstante, surge la inquietud sobre el arquetipo bajo el cual debería orientarse. En este aspecto, la pensadora alemana señala la necesidad de encontrar la respuesta en el diálogo entre la fe y la razón. Si bien, hay un fin natural para el ser humano expresado en la plenificación del ser, desde la fe, existe un fin sobrenatural correspondiente al orden eterno que dota de sentido la existencia humana.

En *Problemas de la formación de la mujer*, la autora se refiere a la cuestión del arquetipo en tres de los cuatro niveles anteriormente mencionados.[85] El arquetipo de la humanidad realizada es Cristo, revelador y mediador del destino sobrenatural del hombre: la filiación divina. El arquetipo de la feminidad es la virgen María. "En el punto central de la historia de la humanidad, y todavía más especialmente en el punto central de la historia de la mujer, está aquella mujer en donde la maternidad ha alcanzado su transfiguración y, a la vez, como maternidad corporal, su superación".[86]

En María, se da la plena realización del alma materna femenina. Su disposición para la entrega la llevó a entregarse a su Hijo y, en Él, a la humanidad entera. Ella es la madre de la humanidad recreada en Cristo.

---

[84] Francesc Torralba, "Fundamentos teológico-antropológicos de la *Bildung*", *op. cit.*, pp. 232-234.

[85] Edith Stein, "Problemas de formación de la mujer", *op. cit.*, pp. 508-518.

[86] *Ibídem*, p. 514.

Frente al arquetipo de la individualidad, Stein sostiene que no es posible trazar una imagen. He allí el espacio de misterio y libertad del ser humano que realiza su humanidad y su especificidad en la unidad concreta personal. Por ello, en este aspecto el ser humano, tendrá que confiarse a la conducción de Dios mismo. Él es el único que puede orientar interiormente a cada persona a transitar su camino conforme a la verdad de su ser.

De esta forma, el pensamiento de Stein nos permite ver que, en el nivel ontológico, la mujer no tiene un conflicto, sino una tarea que, en su cumplimiento, acabará con la contradicción en el nivel existencial. Se trata de la tarea de ser; siendo madre en los diferentes ámbitos de su vida y conforme a su individualidad alcanza su plenitud. "[Si] la mujer pusiera en riesgo su maternidad —más bien en su alma que en su cuerpo— se expondría a la pérdida de su feminidad. Si no hiciera uso de sus tesoros —los propios de su feminidad— comenzaría a atrofiarse en su ser, como mujer y como persona".[87]

Otra cuestión distinta es la señalada por Badinter de los discursos que amenazan con alejar a la mujer de sí misma. El conflicto presentado por la intelectual francesa encuentra vías de solución en la invitación a que la mujer discierna lo que es suyo y tome el conocimiento, la acogida y el desarrollo de sí como tarea primordial para vivir en plenitud.

---

[87] Ana María Sanguineti, *op. cit.*, p. 47.

Conclusiones

Habiendo llegado a este punto de nuestro recorrido, miramos hacia atrás para destacar los hallazgos que son el fruto del camino emprendido. En primer lugar, es importante resaltar que, pese a que nos hemos referido a dos mujeres con modos de pensar radicalmente distintos, el diálogo entre ellas ha sido posible gracias a que comparten una inquietud, más que a nivel intelectual, a nivel existencial. Para Edith Stein y Élisabeth Badinter, ser mujer no es un añadido ni una cuestión secundaria, es un tema central que motiva su reflexión en tanto que atraviesa radicalmente la vida y el quehacer. En este sentido, el tema que motivó esta investigación —la relación entre feminidad y maternidad— no es para ellas uno entre muchos aspectos desarrollados en su labor intelectual, realmente se trata de una pregunta fundamental para la existencia en la que filosofía y la vida se entremezclan a tal punto que la filosofía tiene como fuente la vida, y la vida se ve transformada por la filosofía.

En ello, es llamativo ver cómo la experiencia y la enseñanza de una figura significativa en la infancia puede fundar las bases para la articulación de un conjunto de pensamiento. En el caso de Stein, el amor materno es el antecedente de la mirada armonizadora; mientras que, para Badinter, la crianza paterna orientó su mirada hacia la consecución individualista de las ambiciones personales sobre la cual se fundamenta su visión conflictual de la feminidad.

Igualmente, la manera en que cada autora piensa a la mujer se enmarca en un sistema de pensamiento robusto constituido en el diálogo entre experiencias personales, influencias intelectuales e inquietudes personales. Ni Stein ni Badinter consideran la cuestión femenina superficialmente. Aunque ambas tienen modos de fundamentación y de explicación de la realidad distintos, las dos buscan —con sus propios presupuestos epistemológicos— responder a las problemáticas de la mujer desde sus raíces. Por ello, pueden dialogar, por ejemplo, sobre la relación entre naturaleza, libertad y maternidad.

En esa medida, un segundo hallazgo relevante es la alusión al mito como fundamento de la comprensión de la diferencia sexual. Aun dentro de las diferencias tan radicales, las autoras coinciden en un aspecto sin el cual no se podría comprender su visión sobre la mujer, pues el mito da cuenta del sistema de realidad. Así también es claro que ambas abordan la relación entre maternidad y feminidad desde niveles distintos porque el pensamiento en su conjunto está configurado de diferentes maneras. Badinter ve la realidad desde el racionalismo individualista ilustrado. Stein piensa desde el presupuesto de la fe.

El mito deja una cuestión pendiente que Badinter aborda en otras investigaciones y a la que Stein se refiere en sus conferencias brevemente: la pregunta por el varón.[1] Si bien, la filósofa alemana piensa la diferencia sexual desde la complementariedad; y la francesa, sobre la base de la androginia, ambas señalan que la pregunta por la mujer necesariamente refiere al varón. En esta medida, más que

---

[1] En *XY. La identidad masculina*, Élisabeth Badinter aborda la pregunta por el varón. Al igual que en su pensamiento sobre la mujer, la autora francesa afirma que no existe el varón como una realidad esencial, sino una identidad masculina construida. Después de analizar distintos modos de constitución de esa identidad, asegura que el hombre reconciliado consigo es aquél que ha integrado su androginia. Stein, por su parte, se refiere al alma masculina como aquélla caracterizada por su tendencia hacia lo objetivo situado y al desarrollo unidireccional. *Cfr.* Edith Stein, "El valor específico de la mujer…", *op. cit.*, p. 75. El hombre tiene como vocación natural ser cabeza y protector de la mujer. *Cfr.* Edith Stein, "El *ethos* de las profesiones femeninas", *op. cit.*, p. 164.

tratar la inquietud del varón de manera aislada, su idea de la diferencia sexual nos lleva a recalcar la importancia de pensar al varón en relación con la mujer, y viceversa. Una afirmación que, contradictoriamente para Badinter, no compagina con los presupuestos de partida del feminismo, pues éste se centra en la mujer como individuo.

Ello nos lleva a apuntar un tercer hallazgo relativo al modo de pensar del feminismo. Éste lo hemos caracterizado como un pensamiento ideológico que hunde sus raíces en los postulados filosóficos de la Ilustración, cuya nota distintiva es el individualismo. El modo de posicionarse frente al feminismo es un punto de distanciamiento entre nuestras autoras. Stein piensa fuera de esta perspectiva ideológica, Badinter bebe de ella para forjar su pensamiento. Definitivamente, ello marca la diferencia entre la armonía y el conflicto. De allí que las oportunidades de reflexionar en torno a la mujer, si bien pueden partir de inquietudes planteadas por el feminismo, requieren de un cambio de mirada que permita dejar el callejón sin salida inesencial e individualista hacia el cual nos orientó este fenómeno ideológico moderno.

Un cuarto hallazgo se refiere al objetivo que de principio nos planteamos en esta investigación. La confrontación entre Badinter y Stein nos ha permitido ver que el conflicto entre la mujer y la madre planteado por la intelectual francesa tiene dimensiones que no se habían tenido en cuenta y que se hacen visibles gracias al aporte de la filósofa alemana. Ella nos mostró que el conflicto hallado por Badinter pertenece al campo sociopolítico y cultural en tanto asegura que es suscitado por discursos ideológicos correspondientes al contexto actual. Así, Stein nos permitió situar el conflicto en el nivel existencial para descubrir caminos de respuesta en el nivel ontológico.

La distinción de los niveles nos podría llevar a concluir que incluso la visión de las autoras es complementaria en tanto una tiene las herramientas para identificar y caracterizar el conflicto en el nivel existencial, mientras la otra tiene la mirada adecuada para darle respuesta a éste desde la reflexión metafísica y ontológica. No obstante, no se puede perder de vista que la identificación del conflicto por parte de Badinter tiene los mismos presupuestos de su solución: la comprensión racionalista de la realidad y la noción antropológica individualista. Otro camino de investigación interesante consistiría en plantear una lectura de la situación actual de las mujeres desde los presupuestos steinianos, a saber, la visión de la realidad sobre la base del diálogo entre la fe y la razón, y una concepción antropológica basada en el dinamismo dado por el llamado tanto natural como sobrenatural de la persona humana, con el fin de encontrar puntos de convergencia y distanciamiento en la identificación de la problemática en torno a la maternidad.

Con respecto a las vías de solución dadas al conflicto entre la mujer y la madre, es claro que las pensadoras tienen propuestas distintas porque tienen comprensiones de la realidad, del ser humano y de la diferencia sexual radicalmente diferentes. El punto de separación fundamental es la afirmación o la negación del carácter esencial de lo femenino y, por consiguiente, de la maternidad. La elección de un camino u otro deriva en perspectivas y soluciones distintas y, al mismo tiempo, abre diferentes posibilidades.

Un tema pendiente, fruto de esta reflexión, trata de la relación entre los niveles de distinción, ontológico y existencial, de cara a la solución real del conflicto. De la mano de Stein, hemos dicho que el conflicto del nivel existencial señalado por Badinter puede ser resuelto si las mujeres aceptan y cultivan la especificidad femenina cuya nota característica es la maternidad. Se trata de pasar de confrontar a la mujer con la madre a afirmar que la mujer es la madre. Si bien, hemos dado algunas claves para dar ese paso, se hace necesario preguntarnos qué otros modos o medios podemos encontrar en la filosofía steiniana para construir un camino de acogida e integración de la feminidad. En otras palabras, queda abierta para futuras investigaciones la posibilidad de ahondar en la manera en que la filosofía puede contribuir a la integración de la realidad ontológica con la vida, de forma que las mujeres encuentren, en la reflexión filosófica, medios para responder en libertad a las tensiones interiores generadas, bien sea por las dinámicas contextuales o por el encuentro consigo mismas.

Podemos destacar finalmente cómo esta investigación nos ha mostrado que lo esencial de la mujer no es su ocupación profesional, ni su estatus económico o sociopolítico, sino su configuración anímica específica constitutiva de su modo de conocer y amar maternal. Esta singular capacidad de la mujer de ser madre de la humanidad es un don invaluable al que ella sólo puede responder en plenitud bajo la mirada divina. De allí que queda como una cuestión pendiente acompañar estas consideraciones filosóficas con la meditación teológica a partir de la cual se desentraña la más profunda verdad y la esplendorosa belleza del ser y la vocación de la mujer.

Referencias

AGONITO, Rosemary (ed.), *History of Ideas on Woman: A Source Book*, Nueva York, Putman, 1979.

ALLEN, Prudence, *The Concept of Woman: The Aristotelian Revolution, 750 B.C.- A.D. 1250*, Grand Rapids: W. B. Eerdmans Publishing Co., 1997.

__________, *The Concept of Woman: The Early Humanist Reformation, 1250-1500*, Grand Rapids: W. B. Eerdmans Publishing Co., 2002.

__________, *The Concept of Woman: The Search for Communion of Persons, 1500-2015*, Grand Rapids: W. B. Eerdmans Publishing Co., 2017.

ÁLVAREZ, Silvina y Cristina Sánchez, "Diferencia y teoría feminista", en Elena Beltrán y Virginia Maquieira (eds.), *Feminismos: Debates teóricos contemporáneos*, Madrid, Alianza Editorial, 2008, pp. 243-286.

AMORÓS, Celia, "Feminismo, filosofía y movimientos sociales", en *Feminismo y filosofía*, Madrid, Síntesis, 2000, pp. 12-61.

ARAYA, Gwendolyn, "Ahora que soy creyente, debo reflexionar. Razón y fe en el itinerario de conversión de Edith Stein", *Cuestiones de fe y razón en Edith Stein. Anales de la Facultad de Teología*, vol. 65, núm. 104, Pontificia Universidad Católica de Chile, 2014, pp. 115-123.

AUMONT, Michèle, "Sur l'humanologie d'Élisabeth Badinter", *Analyse critique, Revue des deux mondes*, mayo, 1993, pp. 143-156.

Badinter, Élisabeth, *¿Existe el amor maternal? Historia del amor maternal. Siglos xii al xx*, Barcelona, Paidós-Pomaire, 1980.

__________, *El uno es el otro. Una tesis revolucionaria sobre la relación hombre-mujer*, Bogotá, Planeta, 1987.

__________, *XY: La identidad masculina*, Barcelona, Alianza Editorial, 1987.

__________, *Las pasiones intelectuales I: Deseos de gloria*, Buenos Aires, Fondo de Cultura Económica, 2007.

__________, *Las pasiones intelectuales II: Exigencia de dignidad*, Buenos Aires, Fondo de Cultura Económica, 2009.

__________, *La mujer y la madre: Un libro polémico sobre la maternidad como nueva forma de esclavitud*, Madrid, Esfera de los Libros, 2011.

Beauvoir, Simone De, *El segundo sexo*, Madrid, Cátedra, 2018.

Bell, Linda (ed.), *Visions on Women*, Nueva Jersey, Human Press, 1983.

Betschart, Cristophe, "L'homme spirituel et la Création", *Carmel*, Editions du Carmel, núm. 117, 2005, pp. 45-62.

Biblia de Jerusalén, Bilbao, Desclée De Brower, 2017.

Brut, *Une vie: Élisabeth Badinter*, acceso el 10 de mayo de 2020. https://www.youtube.com/watch?v=ZYf-izRnn1k

Burggraf, Jutta (ed.) y Carlos Díaz (trad.), "Introducción", en Edith Stein, *La mujer. Su papel según la naturaleza y la gracia*, Madrid, Palabra, 1998.

Caballero, José Luis, "Ejes transversales del pensamiento de Edith Stein", *Teología y vida*, vol. 51, núm. 1-2, Pontificia Universidad Católica de Chile, 2010, pp. 39-58. doi:https://dx.doi.org/10.4067/S0049-34492010000100003

Chávez, Pamela, "Cuestiones en torno a la recepción de san Agustín por Edith Stein", *Cuestiones de fe y razón en Edith Stein. Anales de la Facultad de Teología*, vol. 55, núm. 104, 2014, pp. 127-139.

Cherchève, Perrine y Marie Huret "Élisabeth Badinter: En France, Dieu ne gouverne pas la cité", *Marianne*, 4 de enero de 2018, acceso el 6 de febrero de 2021. https://www.marianne.net/societe/Élisabeth-badinter-en-france-dieu-ne-gouverne-pas-la-cite

Collard, Chantal, "Compte rendu de Élisabeth Badinter: L'un est l'autre. Des relations entre hommes et femmes", *Anthropologie et Sociétés*, vol. 11, núm 1, 1987, pp. 161–167. doi:https://doi.org/10.7202/006395ar

Collin, Françoise, "Diferencia y diferendo: La cuestión de las mujeres en la filosofía", en Georges Duby y Michèle Perrot (eds.), *Historia de las mujeres. El siglo xx: La nueva mujer*, Madrid, Taurus, 1993, pp. 293- 322.

Condorcet, Nicolás, "Cartas de un burgués de Newheaven a un ciudadano de Virginia (1798)", en Alicia Puleo (ed.), *La Ilustración olvidada: La polémica de los sexos en el siglo xviii*, Barcelona, Anthropos, 1993, pp. 94-99.

__________, "Acerca de la Instrucción Pública (1790)", en Alicia Puleo (ed.), *La Ilustración olvidada: La polémica de los sexos en el siglo xviii*, Barcelona, Anthropos, 1993, pp. 99-100.

__________, "Sobre la admisión de las mujeres al derecho de la ciudadanía (1790)", en Alicia Puleo (ed.), *La Ilustración olvidada: La polémica de los sexos en el siglo xviii*, Barcelona, Anthropos, 1993, pp. 100-106.

Crespo, Mariano, "Aspectos fundamentales del método de Edith Stein", *Teología y vida*, Conferencia, Pontificia Universidad Católica de Chile, 7 de mayo de 2010, vol. 51, núm. 1-2, 2010, pp. 59-78. https://www.scielo.cl/scielo.php?script=sci_arttext&pid=S0049-34492010000100004

De les Gavarres, Ángel, *Edith y Teresa, dos luces para el siglo xxi*, Barcelona, cpl Editorial, 2010.

Díaz, María Paz, "La mujer, expresión de la humanidad en Edith Stein. Una propuesta de identidad en el pensamiento de Edith Stein", *Teología y Vida*, vol. 45, núm. 1, Pontificia Universidad Católica de Chile, 2004, pp. 85-91. doi:http://dx.doi.org/10.4067/S0049-34492004000100004

Espuny, Cinta, "Rasgos definitorios de Edith Stein en su proceso de maduración personal", en Francisco Javier Sancho Fermín (dir.), *Edith Stein: Antropología y dignidad de la persona humana*, Ávila, Cites, 2009, pp. 405-429.

Fondation de la Vocation, "Le Fondateur. Marcel Bleustein-Blanchet", acceso el 25 de febrero 25 de 2022. https://fondationdelavocation.org/histoire-de-la-fondation

Gadamer, Hans-Georg, *Mito y razón*, Barcelona, Paidós, 1997.

Gambaudo, Sylvie, "Élisabeth Badinter (2006) Dead End Feminism", *Feminism & Psychology*, vol. 19, núm. 1, 2009, pp. 141-145.

Gambino, Gabriella, "Ser mujer y madre en la posmodernidad. Un desafío iusfilosófico", en Lourdes Redondo Redondo (coord.) y Sara Gallardo González (comp.), *Mujer y mujeres. Su esencia y su existencia en la historia*, La mujer. Ser y tarea, vol. 1, Ávila, Universidad Católica, 2021, pp. 103-128.

García, Ezequiel, "Edith Stein y el tema de la mujer", *Revista de espiritualidad*, vol. 50, núm. 200, Salamanca, 1991, pp. 373-396. http://www.revistadeespiritualidad.com/upload/pdf/2228articulo.pdf

__________, "Edith Stein: No hay persona sin libertad", en Francisco Javier Sancho Fermín (dir.), *Edith Stein: antropología y dignidad de la persona humana*, Ávila, Universidad de la Mística, 2009, pp. 71-98.

García, Jennifer, *Existencialismo y feminismo en la obra filosófica de Simone de Beauvoir*, tesis doctoral, Universidad de Valencia, 2015. https://roderic.uv.es/handle/10550/50578

Gerl-Falkovitz, Hanna-Barbara, "El impulso cristiano en orden a una filosofía abierta al ser. El caso de Edith Stein", *Revista de Teología Española*, vol. 60, Universidad Técnica Dresde, 2000, núms. 1-4, pp. 249-284. https://repositorio.sandamaso.es/handle/123456789/3264

__________, "La cuestión de la mujer según Edith Stein", *Anuario Filosófico*, vol. 31, núm. 3, 1998, pp. 753-784.

Gilsoul, Martine, "La différence sexuelle selon Edith Stein", *Consejo Pontificio para los laicos: un dicasterio de la Curia Romana al servicio de los laicos: Filosofía*, Laici. http://www.laici.va/content/laici/fr/sezioni/donna/articoli/filosofia.html

Gómez, María Esther, "Edith Stein y la filosofía cristiana. El intento de fusión de Edith Stein: Tomás de Aquino y la Fenomenología", *Cuestiones de fe y razón en Edith Stein. Anales de la Facultad de Teología*, vol. 55, núm. 104, 2014, pp. 311-321.

González, Lucero, "La presencia de Dios en el Castillo Interior. En torno a la complementariedad de la antropología mística de santa Teresa de Jesús y la antropología fenomenológica de Edith Stein", *Valenciana*, México, Universidad Nacional Autónoma de México, núm. 21, 2018, pp. 127-151. https://www.redalyc.org/journal/3603/360356029006/360356029006.pdf

Guinness, Molly, "Women's War on Women", *The Wall Street Journal*, Dow Jones & Company Inc., Nueva York, 21 de abril de 2012, acceso el 15 de octubre de 2021. https://www.wsj.com/articles/SB10001424052702304356 604577340214170952638

Haya, Fernando, "El marco fenomenológico y el realismo metafísico en el pensamiento de Edith Stein", *Anuario Filosófico*, Navarra, vol. 31, núm. 3, 1998, pp. 819-841.

Herbstrith, Waltraud, "Edith Stein: Vida, obra y mensaje", *Revista de Espiritualidad*, España, vol. 46, núm. 183, 1987, pp. 277-200.

__________, "Edith Stein: La fascinación de una gran mujer", *Revista de Espiritualidad*, vol. 50, núm. 200, 1991, pp. 443-454.

Inmaculada, Ildefonso de la (O.C.D.), "Libertad y personalidad en Edith Stein", *Revista de espiritualidad*, vol. 31, núm. 123, 1972, pp. 231-241.

Kappelli, Anne-Marie, "Escenarios del feminismo", en Georges Duby y Michelle Perrot (eds.), *Historia de las mujeres en Occidente. Siglo xix*, Madrid, Taurus, 1993, pp. 521-558.

Knapp, Bettina, "Les passions intellectuelles. L'exigence de dignité", *Symposium*, vol. 56, núm. 4, 2002, pp. 231-234.

Kolhatkar, Sheelah, "Book Review: The Conflict, by Élisabeth Badinter", *Bloomberg*, 27 de abril de 2012, acceso el 12 de febrero de 2021. https://www.bloomberg.com/news/articles/2012-04-26/book-review-the-conflict-by-Élisabeth-badinter

Kostov, Alexander, "The Problem of Religious Conversion: The Case of Phenomenological Movement in Germany", *Religion and Church in Russia and Worldwide*, vol. 35, núm. 4, 2017, pp. 255-275.

Kramer, Jane, "Against Nature", *New Yorker*, vol. 87, núm. 21, 2011, pp. 44-55.

Lefaucheur, Nadine, "Maternidad, Familia, Estado", en Georges Duby (dir.) y Michèle Perrot (dir.), *Historia de las mujeres en Occidente. El siglo xx*, vol. II, La nueva mujer, Madrid, Taurus, 1993, pp. 55-79.

Le Planning Familial, "Le Mouvement", acceso el 18 de marzo de 2022. https://www.planning-familial.org/fr/le-mouvement-112

Les Gavarres, Ángel de, *Edith y Teresa, dos luces para el siglo xxi*, Barcelona, CPL Editorial, 2010.

Long, Imogen, "Dans la lignée de Beauvoir: Élisabeth Badinter", en *Women Intellectuals in Post-68 France: Petitions and Polemics*, Basingstoke, Palgrave Macmillan, 2013, pp. 87-103.

López, Teresa, "La noción de sujeto en el humanismo existencialista", en Celia Amorós (ed.), *Feminismo y filosofía*, Madrid, Síntesis, 2000, pp. 193-214.

Manuel, Frank y Fritzie Manuel, "Condorcet: Progresando hacia Eliseo", en Bernardo Moreno Carrillo (trad.), *El pensamiento utópico en el mundo occidental*, Madrid, Taurus, 1984, pp. 394-436.

Martín-García, Teresa, "Élisabeth Badinter. *¿Existe el amor maternal? Historia del amor maternal. Siglos xvii al xx*" [Reseña], *Encrucijadas. Revista de Ciencias Sociales*, vol. 18, Barcelona, Paidós-Pomaire, 2019, pp. 1-8.

Martínez, María Eliana, "Edith Stein y la formación de la mujer", *Cuadernos de teología*, vol. 2, núm. 1, 2010, pp. 60-74.

Massini, Carlos, *El renacer de las ideologías: Ensayo sobre la génesis, estructura y recurrencia del ideologismo político*, Mendoza, Idearium, 1984.

Meis, Anneliese, "Edith Stein y Tomás de Aquino: repercusión sobre la cuestión de la mujer", *Teología y Vida*, vol. 51, núm. 1-2, Pontificia Universidad Católica de Chile, 2010, pp. 9-37.

Meis, Anneliese, "La cuestión de la especificidad de la mujer en Edith Stein (1891-1942)", *Teología y Vida*, vol. 50, núm. 4, Pontificia Universidad Católica de Chile, 2009, pp. 747-795. doi:http://dx.doi.org/10.4067/S0049-34492009000300004

Muñoz, Milagros, "Edith Stein (1891-1942): política y educación como herramientas de cambio social en favor de la mujer en los inicios del siglo xx", *Cuadernos de pensamiento*, núm. 34, Universidad Complutense de Madrid, 2021, pp. 81-108. doi:https://doi.org/10.51743/cpe.228

Orbach, Susie, "Some Thoughts on Nancy Chodorow's Important Contribution", *Feminism & Psichology*, vol. 12, núm. 1, 2022, pp. 23-27.

Pérez Garzón, Juan Sisino, *Historia del feminismo*, Madrid, Los Libros de la Catarata, Digitalia, 2018. https://www-digitaliapublishing-com.banrep.bases dedatosezproxy.com/a/81058

Platón, *Banquete*, Madrid, Gredos, 1997.

Potinaro, Pier Paolo, "Aproximaciones", en *El realismo político*, Buenos Aires, Nueva Visión, 2007, pp. 17-33.

Ramírez, José Raúl, "La presencia materna en la vida de Edith Stein", *Revista Universidad Católica de Oriente*, vol. 32, núm. 47, 2021, pp. 164-178.

Ratzinger, Joseph, "Lo que cohesiona al mundo", en *Entre razón y religión: Dialéctica de la secularización*, México, Fondo de Cultura Económica, 2008.

Redmond, Walter, "Edith Stein y la filosofía católica", *Cuestiones de fe y razón en Edith Stein. Anales de la Facultad de Teología*, vol. 55, núm. 104, 2014, pp. 289-302.

REYES-GACITÚA, Eva, "Paradoja de la ipseidad de la mujer: Algunas reflexiones a partir de la obra *Die Frau* de Edith Stein", *Steineana*, vol. 1, núm. 1, Instituto de Ciencias Religiosas, Universidad Católica del Norte, 2017, pp. 47-60. doi:http://dx.doi.org/10.7764/Steiniana.1.2017.3

__________, "Edith Stein: de la concepción de la persona humana a la comprensión de la mujer", *Franciscanum*, vol. 63, núm. 175, Pontificia Universidad Católica de Chile, 2021, pp. 1-23. https://orcid.org/0000-0002-5233-3785

RODGERS, Catherine, "Élisabeth Badinter and the Second Sex: An Interview", *Signs*, vol. 21, núm.1, 1995, pp. 147-162.

ROSSI, Alice, *The Feminist Papers. From Adams to De Beauvoir*, Bantam Book, Nueva York, 1974.

RUIZ-ALBERDI, Cristina, *El pensamiento feminista de Edith Stein: sus conferencias sobre la mujer (Alemania 1930) y nuestras mujeres mayores (España 2006-2007)*, tesis doctoral, Universidad Complutense de Madrid, 2010, pp. 45-54.

SALINAS, Guillermo Santiago, "La belleza de la feminidad en Edith Stein", *Dios y el hombre*, vol. 3, núm. 2, Universidad Nacional de la Plata, Argentina, 2019, pp. 1-28. doi:https://doi.org/10.24215/26182858e046

SANGUINETI, Ana María, *Varón y mujer: Hacia la confluencia de dos mundos: claves antropológicas para la conciliación vida familiar-trabajo extradoméstico, desde el pensamiento de Edith Stein*, San José, Promesa, 2004.

SÁNCHEZ, Rubén, "Antropología filosófica y personalismo en Edith Stein. Primeras aproximaciones", *Revista de filosofía ucsc*, vol. 13, núm. 1, 2014, pp. 25-43.

SANCHO, Francisco Javier, *La Biblia con ojos de mujer: Edith Stein y sus claves para escuchar la Palabra*, Burgos, Monte Carmelo, 2014.

SANCHO, Francisco Javier y Julen Urquiza, "Una personalidad impactante y su significado", en *Obras completas I*. Escritos autobiográficos y Cartas, Burgos, Monte Carmelo, El Carmen, Espiritualidad, 2002, p. 45.

Sancho, Francisco Javier y Julen Urkiza (eds.), "Edith Stein. Formadora integral de la persona", en *Obras completas IV. Escritos antropológicos y pedagógicos*, Burgos, Monte Carmelo-El Carmen, Espiritualidad, 2003, pp. 29-44.

__________, "Santa Teresa Benedicta de la Cruz. Mártir de amor", Conferencia, acceso el 23 de noviembre de 2021. https://www.youtube.com/watch?v=ZEW3hGxFdyU

__________, "Filosofía y vida: el itinerario filosófico de Edith Stein", *Anuario filosófico*, vol. 31, núm. 62, Universidad de Navarra, España, 1998, pp. 665-688.

Schumacher, Michele, "Deseos personales, inclinaciones naturales y el significado del amor", *Estudios*, vol. 13, núm. 113, 2015, pp. 67-101.

Sepp, Hans Rainer, "La postura de Edith Stein dentro del movimiento fenomenológico", *Anuario filosófico*, vol. 31, núm. 3, 1998, pp. 709-729.

Séverine, Auffret, *Historia del Feminismo. Desde la Antigüedad a nuestros días*, Buenos Aires, El Ateneo, 2019.

Sévillia, Jean, "La Ilustración y la tolerancia", en *Históricamente incorrecto: Para acabar con el pasado único*, Madrid, El buey mudo, 2009, pp. 161-181.

Sohn, Anne-Marie, "Los roles sexuales en Francia y en Inglaterra: una transición suave", en Georges Duby y Michelle Perrot (eds.), *Historia de las mujeres en Occidente. El siglo xx. Vol. I*. Nacionalismos y mujeres, Madrid, Taurus, 1993, pp. 109-137.

Stein, Edith, *Obras completas I*. Escritos autobiográficos y Cartas, Julen Urkiza y Francisco Javier Sancho (eds.), Burgos, Monte Carmelo, El Carmen, Espiritualidad, 2002.

__________, *Obras completas IV*. Escritos antropológicos y pedagógicos, Julen Urkiza y Francisco Javier Sancho (eds.), Burgos, Monte Carmelo, El Carmen, Espiritualidad, 2003.

__________, *Obras completas V*. Escritos espirituales, Julen Urkiza y Francisco Javier Sancho (eds.), Burgos, Monte Carmelo, El Carmen, Espiritualidad, 2004.

Stein, Edith, *Obras completas II. Etapa fenomenológica*, Julen Urkiza y Francisco Javier Sancho (eds.), Burgos, Monte Carmelo-El Carmen, Espiritualidad, 2005.

__________, *Obras completas III. Escritos filosóficos*, Julen Urkiza y Francisco Javier Sancho (eds.), Burgos, Monte Carmelo-El Carmen, Espiritualidad, 2007.

Thé ou Café, *Élisabeth Badinter-Intégrale du 27/11/2016*, última modificación el 28 de noviembre de 2016. https://www.youtube.com/watch?app=desktop&v=ni7dXC2OKQE

Taubenschlag, Carlos, "La noción de alma que propone Edith Stein en *Estructura de la persona humana*", *Revista Teología*, vol. 52, núm. 116, 2014, pp. 135-155.

Timmermans, Marc, "Edith Stein et Jean-Paul II sur la différence sexuelle: complémentarité et enrichissement", *Nouvelle Revue Theologique*, vol. 139, Instituto de Estudios Teológicos, Bruselas, 2017, núm. 2, pp. 235-250. doi:https://doi.org/10.3917/nrt.392.0235

Torralba, Francesc, "Fundamentos teológico-antropológicos de la *Bildung*", en *Formar personas: La teología de la educación de Edith Stein*, Madrid, Biblioteca de Autores Cristianos, 2020, pp. 133-340.

Van Den Driessche, Thibault, *L'alterité: Fondement de la personne dans l'oeuvre d'Edith Stein*, Leuven Paris Dudley, Mass, Peeters, 2008. http://hdl.handle.net/2078.1/5392

Vauthier, Jacques, "La teoría de género y la filosofía de Edith Stein", *Humanitas*, núm. 82 2016, pp. 372-375.

Verhaegen, Jean, "La laïcite au secours de l'unité républicaine, avec Élisabeth Badinter", *France Culture*, 23 de noviembre de 2020, acceso el 9 de septiembre de 2021. https://www.franceculture.fr/emissions/linvitee-des-matins-2eme-partie/la-ligne-rouge-de-la-politique-securitaire-a-la-derive-autoritaire-avec-vanessa-codaccioni

Vila Grieira, María del Pilar, "Edith Stein, una mujer intelectual y santa", *Consejo Pontificio para los laicos: un dicasterio de la Curia Romana al servicio de los laicos: Teología*, Laici, 1998. http://www.laici.va/content/dam/laici/documenti/donna/teologia/espanol/edith-stein-una-mujer-intelectual-y-santa.pdf

Westerhorstmann, Katharina, "On the Nature and Vocation of Women", Laici. http://www.laici.va/content/dam/laici/documenti/donna/filosofia/english/on-the-nature-and-vocation-of-women-edith-steins.pdf

__________, "Pro-Existence and Self-Realization. Edith Stein's Studies on Womanhood", Universidad de Freiburg, Alemania. http://www.laityfamilylife.va/content/dam/laityfamilylife/Documenti/donna/filosofia/english/pro-existence-and-self-realization.pdf

Este libro se imprimió en la Ciudad de México,
el 25 de marzo de 2024,
día de la Visitación y día de la familia,
en Litográfica Ingramex, S. A. de C.V.
Centeno 162-1, Granjas Esmeralda, Iztapalapa,
C. P. 09810, Ciudad de México, México

www.ingramcontent.com/pod-product-compliance
Lightning Source LLC
La Vergne TN
LVHW091504170726
843492LV00001B/330